kurz & bündig

macht in kurzer Lesezeit
mit dem Wichtigsten vertraut.
Die einzelnen Bände dieser Serie bieten
Einblicke in die Themenkreise

Religion & Philosophie
Wirtschaft & Gesellschaft
Natur & Umwelt
Wissenschaft & Technik
Kunst & Kultur
Sprache & Literatur
Geschichte & Geographie

Herausgegeben von Wolf In der Maur

Dieter Koffler

Verpackung

Ökologische und ökonomische Argumente
stehen einander gegenüber:
Vermeiden, Vernichten und Recycling.
Das „Mittel zum Zweck"
ist zum gesellschaftspolitischen Thema
unserer Zeit geworden.

hpt-Verlagsgesellschaft

CIP-Titelaufnahme der Deutschen Bibliothek

Koffler, Dieter:
Verpackung / Dieter Koffler. — Wien : hpt-Verl.-Ges., 1990
(kurz & bündig)
ISBN 3-85128-054-7

Lektorat: Helga Zoglmann
Einbandgestaltung: Erich Baumann

Satzherstellung: inter-letter, Wien
Druck und Bindung: Ueberreuter Buchproduktion, Himberg

Inhalt

Vorwort des Herausgebers

Was, so möchte man fragen, läßt sich zum Thema Verpackung sagen? Ist es nicht die alltäglichste Sache der Welt, der wir täglich begegnen, die wir täglich — achtlos — gebrauchen und rasch dem Abfall zuführen? Gewiß, es gibt schönere Verpackungen und weniger schöne, bloß nützliche und solche, die einen hohen Wert vortäuschen, wahre Wunder des Designs und solche, von denen man nicht weiß, wohin damit. Aber ein Thema?

Zunächst einmal: Verpackung hat ihre kulturgeschichtliche Bedeutung. Der große Schriftsteller Ernst Jünger sagte einmal, unsere Zeit werde in ferner Zukunft einmal als „Coca-Cola-Zeitalter" eingeschätzt werden. Rings um die Erde, wo immer Archäologen graben, wird man die gleich geformten und gleich beschrifteten Glasflaschen finden als Signum einer Kultur, welche die ganze Welt umspannt haben muß.

Und in der Tat: Amphoren, die mit äußerster Vorsicht aus jahrtausendelanger Begrabenheit hervorgeholt werden und denen ein Platz im Museum sicher ist, wo sie einen Hinweis auf die längst vergangene Kultur geben, waren zumeist auch nichts anderes als Verpackung, alltäglich im Gebrauch und von wohl geringem Wert.

Schon die vor 7 000 Jahren angefertigten Binsenkörbe waren Verpackung, bestimmt, gesammeltes oder sonstwie zustandegekommenes Gut, also das, worauf es ankam, zu transportieren oder aufzubewahren. Ein langer Weg von da bis zur Konservendose, Plastikflasche, zum Milchkarton und all den Behältnissen unserer Tage. Längst hat man der Verpackung zusätzliche Aufgaben übertragen: Sie soll durch besondere Gestaltung, durch Design, möglichst unwiderstehliche Kaufreize aussenden oder — z. B. auf Supermärkten — das Riesensortiment praktisch und im wahrsten Sinne des Wortes „hand-greiflich" darbieten.

Als Strandgut der Zivilisation schafft die Verpackung heute oft unüberwindlich scheinende Probleme. Wohin mit dem Zeug? Die Deponien gehen über. Die Vielfalt der Materialien macht ihre Vernichtung zumindest kompliziert, Recycling fordert Forschungsgruppen ganze Arbeit ab. Einer schiebt das Verpackungsgut dem anderen zu. Jeder fragt: wohin damit?

Verpackung ist heute ein großes Thema der Umweltpolitik. Entweder, so sagt man, eigne sie sich für ein Kreislaufsystem — oder sie werde verboten. Wie auch immer: Wichtige Versorgungssysteme (und ihr Preis) sind mit dem Schicksal der Verpackung untrennbar verbunden.

Dieses Buch gibt einen äußerst spannenden und lehrreichen Einblick in ein brennendes Problem der Zeit.

Wolf In der Maur

Eine Provokation stellt sich vor — der „Verpackungswahnsinn“

Es war im Paris des Jahres 1961, als ein Künstler namens Christo Javacheff mit seinen Kunstwerken erstmals internationales Aufsehen erregte. In den Räumlichkeiten seiner Ausstellung präsentierte er den Kunstfreunden nichts anderes als — Verpackung, genauer gesagt Gegenstände, die er so verpackt hatte, daß man nur die Hülle sah, nicht aber den Inhalt.

Der damals gerade 26jährige Bulgare *Christo*, der unter seinem Vornamen noch weltberühmt werden sollte, konfrontierte sein Publikum mit etwas Alltäglichem, mit einem allgegenwärtigen Bestandteil der modernen Konsumwelt, der an diesem Ort der Kunst zum Nachdenken anregen sollte. Welches Verhältnis hat die Hülle zum Inhalt? Welche Erwartungen weckt sie, welche Inhalte bleiben verdeckt? Letztlich: Welchen Sinn hat die Verpackung? Christo beschränkte seine Verpackungskunst in den folgenden Jahren nicht auf kleine Gegenstände. So verpackte er unter anderem 1968 anläßlich der „Dokumenta“ 5 800 Kubikmeter Luft. Mitte der achtziger Jahre „verpackte“ er gar mehrere Inseln in Florida und wollte erst kürzlich einen der monströsen Wiener Flaktürme aus dem Zweiten Weltkrieg verhüllen. Der künstlerische Effekt bleibt bei diesen Arbeiten ganz konsequent erhalten. Dinge, die sich im Bewußtsein der Menschen durch eine Alltäglichkeit auszeichnen, einfach da sind, erhalten durch die Hülle plötzlich einen neuen Gehalt. In der Kombination von Verpackung und verpacktem Inhalt entsteht eine neue Einheit.

Ein anderes Szenario: „Stoppt den Verpackungswahnsinn!“ „Verpackungsindustrie läßt Müllberge wachsen!“ „Schluß mit der Verpackungsverschwendung!“ Solche Schlagzeilen häuften sich im Lauf der achtziger Jahre in den Medien zahlreicher europäischer Länder. Ja, sie begannen zusehends einen bedeutenden Bereich des Lebens im politischen Sinn zu erobern: Die Schlagzeilen wurden zu Leitsätzen für Umweltpolitik. Eine 1989 erstellte Schweizer Studie ergab, daß sich ganze drei Viertel der Konsumenten über die Verpackung Gedanken machen — und außerdem: daß sich noch mehr als drei Viertel der Bevölkerung über Verpackungen ärgern. Offenbar macht sich in der Bevölkerung ein sehr grundsätzlicher Widerstand gegen die Verpackung breit.

Sogenannte Verpackungsjäger engagieren sich sogar als regelrechte Widerstandskämpfer gegen Verpackungen. Und diverse Umweltschutzorganisationen und Konsumentenschützer empfehlen den Konsumenten eine Vorgangsweise, die „die Verpakkungsindustrie wachrütteln soll“. Kommunalpolitiker im ganzen deutschsprachigen Raum rufen die Bewohner ihrer Einzugsbereiche ganz offen zum Verpackungsboykott auf.

In Nürnberg trat Anfang 1990 erstmals eine Abfallsatzung in Kraft, nach der „die gewerbliche Abgabe von Einwegerzeugnissen eingeschränkt oder verboten“ werden kann. In rund 400 der insgesamt 8 500 westdeutschen Gemeinden, vor allem in Orten, wo Sozialdemokraten und Alternative die Mehrheit bilden, sind ähnliche Satzungen in Vorbereitung oder bereits verabschiedet. Und eben dieses Bewußtsein schlägt sich auch in der höchsten gesetzgebenden Ebene nieder. Das im Sommer 1990 verabschiedete österreichische Abfallwirtschaftsgesetz und die zugehörigen Verordnungen, vor allem aber die angekündigten Verordnungen zum deutschen Abfallwirtschaftsgesetz, zeichnen sich durch eine radikale Kampfansage gegen Verpackungen aus und schließen sich unter anderem dem Boykottmodell „Auspacken im Supermarkt" an. Nun hat eine derartige Emotionalisierung des gesellschaftspolitischen Klimas faktische Hintergründe, entspringt wirtschaftlichen und gesellschaftlichen Zusammenhängen, die es lohnt, näher zu betrachten.

Der massive Widerstand gegen die Verpackung ist zu einer gesellschaftspolitischen Tatsache geworden. Politische Repräsentanten jeder Couleur rufen zur Jagd gegen die Verpackung auf. Immer häufiger laufen politische Überlegungen darauf hinaus, den Boykott von diversen Verpackungen gesetzlich zu verankern.

Verpackung hat Geschichte

Verpackung ist keine Erfindung des 20. Jahrhunderts. Sie ist so alt wie die Wirtschaft selbst. Ja, wenn man an Früchte wie Orangen, Bananen, Kokosnüsse und dergleichen mehr denkt, könnte man sogar sagen, daß die Natur selbst ihre „Produkte" verpackt. Spätestens mit dem Auftreten eines völkerverbindenden Handels war die Herstellung von Verpackungen jedenfalls mit der Produktion von Waren verknüpft. Damals wie heute bilden Verpackung und Ware eine untrennbare Einheit.

Damit gibt es auch keine eigenständige Geschichte der Warenverpackung. Sie war von Anfang an ein Hilfsmittel, eine Dienstleistung und damit eine funktionelle Ergänzung für die Qualitätssicherung von „Waren".

Vor einigen tausend Jahren hörte der Mensch auf, von der Hand in den Mund zu leben, und begann mit dem „Wirtschaften". Die Produktion von Lebensmitteln und anderen Gütern überstieg den täglichen Bedarf und wurde damit tausch- und handelsfähig. Unter einer Voraussetzung: Die Erzeugnisse mußten die Zeit bis zum Tausch und den Weg bis zum Handelsplatz unbeschadet überstehen. Je besser Lagerung und Transport gestaltet wurden, desto eher gelang es, den Wert der Ware zu sichern und damit den Nutzen des Wirtschaftens zu erhöhen. Schutz beim Transport und vor Verderb gehörten schon seit Urzeiten zu den zentralen Funktionen, die Verpackungen aller Art zu erfüllen hatten. Wenn die Verpackung auch immer ein funktionell bedingtes Hilfsmittel blieb, so beeinflußte doch ihr technischer Standard eben aus dieser Ausgangsposition ganz wesentlich den Fortschritt der Warenerzeugung. Insbesondere die Industrialisierung der Warenwirtschaft, wie sie das auslaufende 20. Jahrhundert kennt, die Zeit und Geld sparenden Automatisierungsprozesse sind ganz eng mit den innovativen Möglichkeiten der Verpackungstechnologie verknüpft.

Die ersten Verpackungen

Seit der Mensch als Jäger und Sammler daranging, sich zu dem zu entwickeln, was wir heute „homo sapiens" nennen, dürfte er Tierfelle zu verschiedenen Verpackungszwecken verwendet haben. Die ersten Verpackungen, die sich historisch nachweisen lassen, sind allerdings Binsenkörbe, die 7 000 Jahre vor unserer Zeitrechnung eingesetzt wurden. Die Körbe waren freilich eher reine Transportbehälter, wie es eben Körbe auch heute noch sind, und konnten den komplexeren Verpackungsaufgaben nur wenig gerecht werden. Immerhin gingen findige Köpfe bald daran, die Körbe an der Innenseite mit Lehm oder Harz auszustreichen, um ihre Dichtheit zu erhöhen. Und der Zufall hat dann wohl eines Tages für einen technologischen Schub gesorgt. So ein mit Lehm bestrichener Korb dürfte irgendwann einmal zu nahe ans Feuer geraten sein. Das Holz verbrannte dabei, der Lehm aber brannte zu Ton. Das Tongefäß in seiner primitivsten Form war damit erfunden und hatte das Verpackungswesen zum ersten Mal revolutioniert.

Es dauerte etwa 2 000 Jahre, bis die Töpferscheibe für eine rationelle Erzeugung von Tongefäßen in größerer Stückzahl, etwa von Amphoren, den Vorläufern unserer Flaschen, erfunden wurde und Ton in der Verpackungswelt eine bedeutende Rolle spielte.

Holz — immer in Mode

In den Jahrtausenden nach ihrer Erfindung verlor die Verpackungsfunktion der Tongefäße langsam ihre Bedeutung. Holz hingegen erwies sich von den Binsenzweigen an als zeitlos hervorragendes Material für Transportverpackungen. Und nicht nur das: Mit Holz eröffneten sich schon sehr früh in der Verpackungsgeschichte niveauvolle Konservierungsmöglichkeiten. So erfanden die Gallier, die Vorfahren der Franzosen, schon vor mehr als 2 000 Jahren das Holzfaß.

Aber zurück zur Transportverpackung: Im Mittelalter nahm der Handel einen so großen Umfang an, daß die Normierung von Packgrößen für die Abwicklung von Warentransporten unverzichtbar wurde. Das führte dazu, daß sich die Holzkiste anstelle der bis dahin üblichen Warenballen schnell als „moderne“ Versandverpackung etablierte. Das

Herstellen von Holzkisten wurde zu einem anerkannten Beruf. Aus dem Jahr 1322 sind die ersten Zunftordnungen für Kistner bekannt, deren Berufsstand blühte und gedieh.

In den folgenden Jahrhunderten wurden Kisten und Fässer zu den Universal-Versandmitteln schlechthin. Vor allem Fässer mußten die unterschiedlichsten Füllgüter aufnehmen.

Zu Beginn des 18. Jahrhunderts etwa fuhren Händler mit großen Fässern auf Schubkarren durch die Straßen zu den Häusern, um dort Essig zu verkaufen. Milch wurde sogar noch zu Beginn des 20. Jahrhunderts in Holzfässern von den Bauernhöfen zu den Meiereien transportiert. In Österreich schlug sich die Bedeutung der Holzverpackungen in den Privilegien, die ab 1821, und in den Patentschriften, die ab 1899 verliehen wurden, nieder. Ganze 194 Packmittel-Erfindungen aus Holz, Rohrgeflecht und dergleichen mehr wurden im 19. Jahrhundert mit diesen Dokumenten geschützt, wobei der gesamthistorischen Entwicklung entsprechend Kisten und Fässer im Vordergrund standen.

Der Mehrweg-Gedanke bei Verpackungen war in alten Zeiten übrigens absolut selbstverständlich: Verpackungen konnten nämlich bloß in sehr beschränkten Stückzahlen und damit nur teuer erzeugt werden. Im Sinn einer spezifischen Konstruktion erlebte der Mehrweg-Gedanke allerdings im Österreich des Jahres 1880 seine Geburtsstunde. Postversandkisten wurden erstmals als Mehrwegversandkisten konzipiert. Man sprach vom Ei des

Kolumbus, als zu diesem Zweck zerleg- oder zusammenlegbare Kisten konstruiert wurden. Holz diente vor allem auch in Form von Holzspan einer Reihe weiterer Verpackungszwecke. In Schachteln und Dosen aus Holzspan (aber auch aus Pappe) wurden schon um 1650 Konfekt, Zuckerwerk und Gebäck verpackt. Die Deckel dieser Schachteln wurden mit farbigem Kupferstich beklebt, die Seiten und der Boden mit farbigem Einschlagpapier ausgelegt. Von Goethe ist die Bestellung einer derartigen Luxusschachtel überliefert, die er seiner Freundin Friederike Brion zu schenken gedachte. Im Jahr 1771 schrieb er an einen Konditor in Straßburg: „. . . wenn Sie mir wollten eine Schachtel mit zwei Pfund gutem Zuckerbeckerwesen packen lassen . . .“

Holz im 20. Jahrhundert

Moderne Holzverpackung existiert heute in Form von Kisten, Steigen, Verschlägen, Spulen aller Art, auch Holzwolle. Das Holzfaß wurde mengenmäßig von Plastik- und Metallbehältnissen weitgehend verdrängt. Die jährlichen Produktionen von Fässern sind daher zumindest in Österreich von einer verschwindenden Größe, wenn auch die Weinkultur einigen Faßbindern gute Geschäfte beschert.

Die mit Abstand bedeutendste Holzverpackung

der Gegenwart ist die Palette. Gleich zwei Drittel des zu Verpackungszwecken eingesetzten Holzes werden zu Paletten verarbeitet. In Deutschland wurde Ende der achtziger Jahre die Schwelle von 50 Millionen Stück übersprungen. Sie erweisen sich vor allem bei hoher mechanischer Beanspruchung, wie sie bei langen Versandwegen auftritt, als hervorragende Transporthilfsmittel und sind zudem sehr unkompliziert wiederverwendbar und damit hervorragende Mehrwegverpackungen.

In Österreich werden jährlich rund 70 000 Tonnen Holzverpackungen für knapp eine halbe Milliarde Schilling produziert. Die jährlichen Steigerungsraten erreichen bei guter Entwicklung rund fünf Prozent. Das gilt auch für Deutschland, wo Holzverpackungen für rund eine Milliarde D-Mark pro Jahr erzeugt werden.

Glas — Verpackung aus der Pfeife

Die ältesten Glasfunde, die heute bekannt sind, stammen aus Ur im Zweistromland. Es handelt sich um Glasperlen, die auf ein Alter von rund 4 500 Jahren geschätzt werden, deren Material allerdings nicht künstlich geschmolzen, sondern natürlichen Ursprungs ist.

Der technologische Quantensprung, der die Nutzbarmachung von Glas ermöglichte, dürfte im 15. Jahrhundert v. Chr. über die Bühne gegangen sein. Bis dahin konnte man sich an glasartigen Stoffen erfreuen, die zwar eine Form hatten, jedoch keine Kristallstruktur aufwiesen. Im Ägypten der 18. Dynastie gelang es nun, der Kunst des Glasmachens auf den Grund zu gehen und Rohstoffe mit kristallinem Charakter, genauer gesagt den dafür optimal geeigneten Quarzsand, so zu schmelzen und zu verarbeiten, daß keine Kristallisation auftrat.

Damit ließen sich aus Glas diverse Gefäße wie etwa Trinkbecher fertigen. Insgesamt war der Fertigungsprozeß allerdings sehr aufwendig und kostspielig. Glasgefäße blieben daher lange Zeit wenigen Privilegierten wie Priestern oder Königen vorbehalten, die die exklusiven Gefäße als Kultgegenstände verwendeten.

Der technologische Fortschritt ließ sich freilich dadurch nicht aufhalten. 200 Jahre vor unserer Zeitrechnung konnte die Glasmacherkunst auf ein neues, faszinierendes Gerät zurückgreifen: die Glasmacherpfeife. Auf der Basis dieses Instruments gab es im europaumspannenden Römischen Reich des Jahres 52 bereits Glasmachereien, die Nutzglas in größeren Mengen herstellten.

Im Europa nach den Römern stagnierte der Fortschritt einige Zeit. Aus dem 6. Jahrhundert sind zwar noch erste farbige Glasfenster aus Kirchen erhalten. Bis zum 13. Jahrhundert entwickelte sich die Technik jedoch nur wenig, ja erlebte sogar so manchen Rückschritt. Dann aber wurde ein neuer Aufschwung in der Glasmacherkunst eingeleitet, der 1669 einen revolutionären Höhepunkt erreichte. Im amerikanischen Bundesstaat Virginia wurde eine erste Glashütte eröffnet. Damit begann die Industrialisierung der Glaserzeugung. 1821 wurden dann mit einem britischen Patent zur Massenproduktion ganz konkrete Schritte in Richtung einer Glasindustrie gesetzt. Im deutschen Gerresheim stand 1864 bereits so etwas wie eine „größte Glasfabrik“ Europas. Und 1880 wurde wiederum in Großbritannien ein Patent für eine halbautomatische Flaschenproduktion auf den Markt gebracht. Der letzte historische Durchbruch für die Glaserzeugung gelang dem Amerikaner Michael J. *Owens*, der schlußendlich eine vollautomatische Flaschenmaschine entwickelte. Bis dahin schafften ein Glasmacher und zwei Gehilfen innerhalb einer 8-Stunden-Schicht mit bloßer Lungenkraft einen Ausstoß von 250 Weinflaschen. Das industrielle Wunderwerk Owens' produzierte in derselben Zeit rund 16 000 dieser Glasgefäße. Und die Vollautomatisierung machte selbstverständlich nicht bei den Weinflaschen halt. Verpackungsglas aller Art — in der Regel also die verschiedensten Flaschentypen —, aber auch Gebrauchsglas wie Trinkgläser, Geschirr und ähnliches, konnten damit in industriellen Dimensionen gefertigt werden.

Der Erfindungsreichtum rund um das Glas hielt sich in der österreichischen Aufbruchszeit der Verpackungsindustrie eher in Grenzen. So betreffen nur 64 der schon beim Holz erwähnten Privilegien und Patente Packmittel aus Glas. Das zentrale kreative Anliegen dabei richtete sich auf ein Produkt: die Sodawasserflasche, der klassische Siphon.

Einen kreativen Aufschwung gab es erst in den neunziger Jahren des vorigen Jahrhunderts, als die Bedürfnisse der sich stark entwickelnden pharmazeutischen Industrie neues Leben in die Glastechnologie brachten. Die innovativen Impulse kamen allerdings nicht aus den Glasfabriken, sondern von Außenstehenden. Als herausragendes Patent jener Zeit findet sich übrigens ein Taschendesinfektionsapparat, der sich in den folgenden 100 Jahren als „die Odolflasche“ in ihrer charakteristischen Form entpuppte. Dennoch spielt Österreich in der Geschichte der Glasindustrie eine bedeutende Rolle. 1974 wurde nämlich in Österreich weltweit erstmals in industriellem Umfang Altglas zur Wiederverwertung gesammelt und damit die Altglas-Recyclingära eingeleitet.

Glasverpackung im 20. Jahrhundert

Nachdem die Massenproduktion realisiert war, konzentrierten sich die Glashersteller im 20. Jahrhundert darauf, die Zerbrechlichkeit ihres Schmelzproduktes zu senken und damit die Anwendungsmöglichkeiten zu erhöhen. Entscheidend für die steigende Bruchsicherheit war eine kontinuierliche Weiterentwicklung des Formenmaterials sowie eine ganz grundsätzliche Verbesserung der Widerstandsfähigkeit des Glases durch diverse Zusatzkomponenten zur Quarzsandschmelze. Aber auch die Umverpackung des Glases, vor allem gegen die Materialbelastungen während des Transports, erhöhten die Lebensdauer der Glasverpackungen. Mit dem steigenden Umweltbewußtsein erwuchs dem Glas eine ganz besonders attraktive Eigenschaft. Das Material ist wiederverwertbar, kann als Mehrwegverpackung eingesetzt werden, und das mit hervorragenden Ergebnissen.

In der modernen Wirtschaft läßt sich der Packstoff Glas den Bereichen Flaschen, Flakons, Weithalsgefäße und sonstiges Verpackungsglas zuordnen. In Österreich werden zwischen 250 000 und 260 000 Tonnen Glas pro Jahr als Packstoff erzeugt. Der Produktionswert beträgt dabei rund 1,2 Milliarden Schilling. Die Wachstumskurve liegt mit drei bis vier Prozent gleichauf mit den Werten der deutschen Verpackungsglaserzeuger, die etwa 3,5 Millionen Tonnen Glas herstellen und damit an die 2,5 Milliarden D-Mark erwirtschaften.

Papier — ein Faserstoff-Gemisch aus China

Die Erzeugung von Papier ist im Vergleich zur Glaserzeugung eine relativ junge Technologie. Erst im 1. Jahrhundert v. Chr. entdeckte man in China ein Verfahren, das es ermöglichte, aus einem Faserstoff-Gemisch Blätter herzustellen, die sich durch eine besondere — den Werdegang der Menschheit ganz wesentlich beeinflußende — Eigenschaft auszeichneten: Man konnte darauf schreiben.

Im 8. Jahrhundert gelangte die Methode der Papiererzeugung nach Nordafrika. Chinesische Kriegsgefangene hatten sie den Arabern beigebracht. In der Folge dauerte es nicht mehr allzu lange, bis Papier auch in Europa seinen Siegeszug antrat.

Für Verpackungszwecke wurde Papier allerdings erst im 14. Jahrhundert entdeckt. Bis dahin war die Herstellung einfach zu aufwendig und Papier damit zu wertvoll gewesen, um es für andere Zwecke als zum Schreiben zu benutzen. Kein Wunder also, wenn die erste Verpackungsanwendung einem sehr wertvollen Produkt galt, nämlich dem Papier selbst. In deutschen Papiermühlen wurden die hergestellten Papierblätter in Papierhüllen eingeschlagen, um sie vor Verschmutzung zu schützen. Diese Verpackung bezeichnete man übrigens mit dem arabischen Begriff für 500 — Ries. Und noch heute wird ebendiese in Papier eingeschlagene Blattmenge Ries genannt.

Bald erweiterten sich allerdings die Anwendungsmöglichkeiten der Papierverpackung. Schon 1601 hatte etwa die Niederländerin Catherina de *Wever* die Idee, ein „Spezialpapier“ zum Patent anzumelden, in dem man Steck- und Haarnadeln rostfrei aufbewahren sollte. Die Technologie, die diesen Korrosionsschutz tatsächlich ermöglichte, wurde allerdings erst mehr als 300 Jahre später zur Realität.

Schneller ging Papier seine praktische „Verpakkungsehe“ mit Lebensmitteln ein. Ein Niederländer namens Cornelius *Isser* erhielt 1665 das Patent für ein Packpapier, in das er seine Zuckerhüte einwickelte, die zu dieser Zeit in Holzformen zu Kegeln gegossen wurden, um den Zuckertransport zu erleichtern.

437 Privilegien und Patente der österreichischen Monarchie und der Ersten Republik belegen deutlich, welchen Siegeszug das Papier, genauer gesagt, Papier, Karton und Pappe, als Verpackungsmaterial angetreten hatten. Die aus Zellstoff erzeugten Materialien, deren Unterscheidung übrigens nach dem Flächengewicht, der Steifigkeit und der Rohstoffqualität vorgenommen wird, kamen durch die Vielfalt ihrer Eigenschaften den steigenden Verpackungsanforderungen sehr entgegen.

Die Haupterfindertätigkeit bei Papier konzentrierte sich im 19. Jahrhundert auf diverse neue Papiersorten sowie auf Bedruckungstechniken. Erst relativ spät beschäftigten sich die Verpackungsspezialisten mit der Modernisierung der Herstellung von Beuteln und Säcken. Die gängigsten Sorten, also Säcke, vor allem aber die mit dem Fachbegriff „Spitztüten" – im Volksmund als Stanitzel – bezeichneten Beutel wurden lange Zeit nach den Falt- und Klebetechniken der Buchdruckerei hergestellt. So reichte noch im Jahr 1884 ein gewisser Herr *Kraus* ein Patent zu folgender Rationalisierung ein: eine auf eine Achse befestigte kegelförmige Holzform, auf die der an einer Kante mit Klebstoff bestrichene Stanitzelzuschnitt aufgelegt und durch Drehen der Form um diese gewickelt wurde.

Pappe — der meistverwendete Packstoff

Pappe hatten schon die Araber im 8. Jahrhundert hergestellt, indem sie einfach mehrere Papierschichten übereinanderklebten. Im 18. Jahrhundert erkannten Kürschner und Hutmacher die Möglichkeiten dieses Werkstoffs. Er verdrängte langsam aber sicher die bis dahin üblichen Behältnisse für die exklusiven Kleidungsstücke, nämlich Holz und Metall. Die Pappschachtel war auf dem Vormarsch und entwickelte sich zum meistverwendeten Packmitteltyp.

1880 wurde in Österreich unter anderem eine Maschine zur Erzeugung von Streichholzschachteln zum Patent angemeldet. Die Ära der bis dahin verwendeten Dosen oder Stülpdeckschachteln ging damit ebenfalls zu Ende. 1881 taucht der Postversandkarton erstmals in den österreichischen Privilegien auf.

Der große Sprung in die moderne Dimension der Pappeindustrie gelang im Jahr 1904, als sogenannte „solid fibre boxes“ für den Bahnversand zugelassen wurden. Ab 1905 mehrten sich dann die Patente für aus Pappe gezogene Dosen. 1919 wurde ein Verfahren angemeldet, das diese Behältnisse wasserdicht machen sollte, um darin Schuhpaste zu verkaufen. Der Ölmulti Shell erhielt 1938 ein Patent, das ermöglichte, Erdölprodukte in Pappflaschen abzufüllen. Das auf diverse Reinigungsmittel spezialisierte

Unternehmen Erdal hat diese Verpackungsidee in jüngster Zeit weiterentwickelt und Ende der achtziger Jahre ein Pflegespray in einer sogenannten Pappwickeldose auf den Markt gebracht.

Immerhin 118 Jahre vorher hatte Albert L. *Jones* in New York „Verbesserungen von Papier für Verpackungszwecke“ zu seinen Gunsten schützen lassen. Dieses US-Patent mit der Nummer 122023 hatte den Zweck, Phiolen und Flaschen mit nur einer Lage von Packmaterial sicher zu verpacken. Es wurde zur Basis des meistverwendeten Packstoffs überhaupt: Wellpappe.

Das Produkt entsteht durch das Zusammenkleben einer oder mehrerer gewellter mit einer oder mehreren glatten Papierbahnen. Die Papierkonstruktion zeichnet sich durch außerordentliche Stabilität aus, die sich noch dazu je nach Verpackungszweck sehr fein abstimmen läßt. Tatsächlich wird Wellpappe häufig mit der Konstruktion einer mit Verstrebungen gebauten eisernen Brücke verglichen. Vor allem mit der Einführung der zweizeiligen Wellpappe in den dreißiger Jahren dieses Jahrhunderts gelang der Durchbruch zu einer bis heute unglaublich vielfältigen Anwendungspalette.

Vom Buchdeckel zum Karton

Etwa gleichzeitig mit der Erfindung der Wellpappe entstand aus dem Handwerk der Schachtelmacher die Kartonagenindustrie. Man benutzte die sogenannte Handpappe, die als Wickelpappe noch heute etwa bei der Verpackung von Schwergut und für Büchereinbände verwendet wird.

Die erste industrielle Revolution für dieses Packmittel brachte das Jahr 1903, als im deutschen Arnsberg die erste sogenannte Rundsieb-Kartonmaschine in Betrieb ging. Der Siegeszug des Kartons, der heute zumeist als verbraucherorientierte Überverpackung — dabei handelt es sich vor allem um die fast grenzenlos anwendbaren Faltschachteln — zum Einsatz kommt, war damit nicht mehr aufzuhalten.

Papier, Pappe und Karton im 20. Jahrhundert

Die papierverarbeitende Verpackungsindustrie ist heute der mit Abstand größte Erzeuger von Verpackungen. Ihre Produkte verteilen sich auf ganze zwölf Bereiche. Dazu zählen Pack- und Einschlagpapier, Beutel und Säcke, Tragtaschen, Wellpappe, Faltschachteln aus Karton und Kartonagen aus Vollpappe in diversen Verarbeitungs- und Anwendungsvarianten, Dosen, Fässer, Trommeln, Becher und Tiegel sowie diverse Spezialverpackungspapiere. Ein Drittel davon — und damit den mit Abstand größten Anteil — nimmt die verarbeitete Wellpappe ein.

Nicht anders als die Glasindustrie zeichnet sich

auch dieser Verpackungsbereich durch ein großes Recycling-Potential aus. Der Altpapieranteil für die Verpackungen aus Papier, Karton und Wellpappe liegt im Durchschnitt bei rund 80 Prozent. Zwei Drittel dieser Verpackungen landen ihrerseits wieder im Altpapier-Recycling.

Die Produktionsmenge der Packstoffe Papier, Karton und Pappe beträgt zu Beginn der neunziger Jahre in Österreich bereits mehr als 520 000 Tonnen und liegt mit jährlichen Zuwachsraten von rund zehn Prozent deutlich über dem Durchschnittswachstum der Verpackungsindustrie. Ähnliches gilt für die Bundesrepublik Deutschland, wo — vor der Wende — bei einem durchschnittlichen Wachstum von sechs bis sieben Prozent übrigens etwa neunmal soviel Packstoffe aus Papier und Pappe erzeugt werden wie in Österreich. Der österreichischen Jahresproduktion von 8,5 bis 9 Milliarden Schilling stehen deutsche Produktionswerte von rund 13 Milliarden D-Mark gegenüber.

Metallverpackung — die größte Erfindung aller Zeiten

Vor mehr als 150 Jahren schrieb die Encyclopaedia Britannica: „Die Methode der Konservierung in Dosen ist die größte Erfindung aller Zeiten." Die Begeisterung der damaligen Wissenschaftler erscheint verständlich. Immerhin war man den Mikroorganismen auf die Spur gekommen, die für den Verderb von Lebensmitteln verantwortlich zeichnen. Und man hatte nicht nur die Ursache für den Verderb gefunden. Ein Wissenschaftler namens *Appert* hatte sogar ein Konservierungsverfahren entwickelt, mit dem das schädliche Wachstum der eben erst entdeckten Mikroorganismen außer Kraft gesetzt werden konnte.

Am 25. August 1810 wurde dem Engländer Peter *Durand* das Patent Nr. 3372 für die Konservierung von Lebensmitteln „in verzinnten Eisengefäßen" erteilt. Er bediente sich eben dieser Appertschen Methode. Damit entstand ein neuer Berufsstand. Die Dosenherstellung der Pionierzeit wurde nämlich vom „konservierenden Klempnermeister" bewerkstelligt. Mit der rasch zunehmenden Nachfrage wuchs die Konservenherstellung allerdings bald in eine industrielle Dimension. Die spezialisierten Handwerker wurden von Verpackungsmaschinen abgelöst.

Im Kaisertum Österreich finden sich 164 Privilegien und Patente für Metallverpackungen, 92 davon betreffen Dosen. Das erste, auf echte Konservendosen bezogene Privileg wurde im Jahr 1876 dem Mitbesitzer der „k. k. Blech- und Metallwaarenfabrik zu Mödling bei Wien", einem Industriellen namens *Fleischmann* erteilt. Er ließ seine „Verbesserung an Blechbüchsen für Fleischkonserven und in der Fabrikation derselben" schützen.

Gegen Ende des 19. Jahrhunderts eroberten die Metallverpackungen dann neue Verpackungsbereiche. 1883 tauchte erstmals die Idee auf, Bier in Metallfässern abzufüllen; sie wurde aber erst in den fünfziger Jahren unseres Jahrhunderts wieder aufgegriffen. 1928 gab es ein erstes Patent zum Transport von Bier und Milch im höchst zukunftsträchtigen Metallgefäß aus Aluminium. Auch die europäische Erdölindustrie bediente sich vor dem Ersten Weltkrieg der Metallfässer.

Der Krieg selbst brachte einen ersten Höhepunkt in der Konservenwirtschaft. Der Nahrungsmittelbedarf der Armeen war enorm. Eine riesige Konservenindustrie wurde aus dem Boden gestampft. Sie konnte sich übrigens gleich — wenn auch unfreiwillig — als Wegbereiter für Recycling-Maßnahmen in Szene setzen. Die Rohstoffe, vor allem das für den Verschluß der Dosen verwendete Rohzinn, wurden nämlich knapp. Man trachtete daher, die verbrauchten Dosen zu sammeln und das Zinn aus den Weißblechabfällen zu regenerieren. Mit dem Ende des Ersten Weltkriegs gab es zunächst auch einen Einbruch in der Konservenfabrikation. Allerdings war man sich der Anwendungsmöglichkeiten für zivile Zwecke sehr wohl bewußt. Fleischindustrie und Feinstblech-Verpakkungsindustrie arbeiteten eng zusammen, um eine technische Verbesserung der Konserven zu ermöglichen. Es galt vor allem, die chemische Reaktion des für den Dosenverschluß verwendeten Zinns mit den abgefüllten Lebensmitteln zu beseitigen, da damit sowohl der Geschmack beeinträchtigt wurde, als auch gesundheitliche Gefahren bestanden.

In den dreißiger Jahren tauchten dann sogenannte „Wochenend-Konserven“ auf. Dabei handelte es sich um die ersten Fertiggerichte. Die Zielgruppe beschränkte sich zunächst auf Bergsteiger, Expeditionen und ähnliche „extreme“ Anwender. Bald aber wußte man neue Märkte zu erschließen. Unmittelbar vor dem Zweiten Weltkrieg waren schließlich die technischen Probleme weitgehend gelöst. Man hatte drei verschiedene Verarbeitungsmethoden entwickelt, zinnfreie Dosen herzustellen. Die neuen Dosengenerationen wurden entweder gefalzt, geschweißt oder mit einem Lötrand versehen.

Metallverpackung heute

Zwei wesentliche Änderungen sollten sich noch ereignen, um das Zeitalter der modernen Metallverpackung, wie wir sie heute kennen, einzuleiten. Nach einer Ära der Schwarzblechverwendung griff die Dosenindustrie auf das Weißblech zurück und setzte Zinn in einer neuen Funktion ein. Die moderne Weißblechdose wird aus unlegiertem, kaltgewalztem Stahlblech erzeugt. Durch elektrolytisches Verzinnen und Passivieren der Oberfläche entsteht ein dünner Film aus Chrom- und Zinnoxyden. Um das Weißblech vor Rost zu schützen, wird eine Lackierung mit speziellen Harzen vorgenommen, die zugleich den chemischen Prozeß des Übergangs von Zinn auf das Füllgut der Dosen reduzieren.

Die noch bedeutendere Entwicklung für den Bereich der Metallverpackungen war allerdings der Siegeszug des Aluminiums. Das Metall, das durch Schmelzflußelektrolyse aus Bauxit und dem als Flußmittel verwendeten Kyrolit gewonnen wird, erwies sich als nahezu universell verwendbares Material für alle möglichen Anwendungen. Herausragend auch seine Verpackungseigenschaften. Immerhin entfallen heute in Europa rund zehn Prozent des Aluminiumverbrauchs auf die Herstellung von Packmitteln.

Die wesentlichen Verpackungsanwendungen sind Großbehälter und Fässer, Konserven- und Getränkedosen, Portionsbecher und Leichtbehälter, Folien sowie Abdeckbänder für Milchflaschen, Joghurtbecher und dergleichen mehr.

Andere Metalle wurden als Verpackungsmaterialien von Aluminium weitgehend verdrängt. Sie konnten sich nur in Einsatzbereichen halten, in denen sie optimale Eigenschaften aufweisen. Man denke an Kronenkorken und andere Flaschenverschlüsse, Deckel für Konservengläser und speziellere Anwendungen wie etwa Flaschen aus Stahlblech. Die einzige ernst zu nehmende Konkurrenz in großem Stil blieb die Weißblechdose.

Zu Beginn der neunziger Jahre zeichnet sich die Metallverpackung sowohl in Österreich (über 90 000 Tonnen bei mehr als vier Milliarden Schilling Produktionswert) als auch in der Bundesrepublik Deutschland (ca. 1,4 Millionen Tonnen mit einem Produktionswert von rund sieben Milliarden D-Mark) durch ein kräftiges Wachstum mit Zuwachsraten bis zu zehn Prozent aus.

Kunststoff — die jüngste Verpackung

Kunststoff ist der mit Abstand jüngste Packstoff. Der Amerikaner J. W. *Hyatt* beteiligte sich 1868 an einem Erfinder-Preisausschreiben, dessen Sieger 10 000 Dollar erhalten sollte. Hyatt sollte ein Material finden, mit dem sich das zur Erzeugung von Billardkugeln verwendete Elfenbein ersetzen ließ. Durch eine Mischung von Baumwolle, Salpetersäure und Kampfer entwickelte er eine Art Kunststoff, der dem Elfenbein ähnliche Eigenschaften aufwies: Celluloid. Hyatt gewann die 10 000 Dollar, und die Nachfrage nach seinem neuen Werkstoff stieg rasch an. 1872 wurde die Cealnese Corporation in New Jersey zur Erzeugung von Celluloid gegründet. In der zweiten Hälfte des vergangenen Jahrhunderts wurde das Material für die Herstellung durchsichtiger, mit perlmuttartiger Musterung versehener Dosen herangezogen.

Tatsächlich muß man Hyatts chemische Umwandlung von Naturstoffen allerdings eher als Vorstufe zum Kunststoff bezeichnen. Der große Wurf gelang dem Chemiker L. *Baekeland* im Jahr 1907. Er meldete mit seinen Phenol-Formaldehyd-Harzen erstmals einen Stoff zum Patent an, der aus vollsynthetischen, niedermolekularen Bausteinen aufgebaut war. Baekeland wird daher auch häufig als der Vater der Kunststoffe bezeichnet. Seine nach ihm bezeichneten Bakelite wurden bald im Verpakkungsbereich eingesetzt. Aus diesen Materialien wurden insbesondere Dosen und Schachteln für wertvolle Packgüter im Preßverfahren hergestellt.

Den eigentlichen Durchbruch zur industriellen Anwendung schafften die Kunststoffe nach dem Ersten Weltkrieg. Mit dem Erdölprodukt Polystyrol und dem auf Salzchemie basierenden Polyvinylchlorid (PVC) standen erstmals Werkstoffe in großen Mengen zur Verfügung, die relativ billig zu erzeugen und leicht zu verarbeiten waren.

In den österreichischen Patenten des beginnenden 20. Jahrhunderts finden sich fast überhaupt keine Eintragungen über Kunststoffverpackungen. Einzig ein Duo, die Herren *Mitterberger* und *Schmidberger,* ließen sich im Jahr 1937 eine Dose für Salben schützen, die auf die Verwendung von Kunststoff schließen läßt. Bei Schmidberger handelt es sich übrigens um einen der ersten österreichischen Kunststoffverarbeiter der Geschichte.

Als Verpackungsmaterial trat Kunststoff erst in den fünfziger Jahren seinen Siegeszug an. Die Industrie begann mit Polyäthylenfolien zu experimentieren und entwickelte mit der Zeit Materialien, die optimale Verpackungseigenschaften für die vielfältigsten Anwendungen aufwiesen, wie Festigkeit, geringes Gewicht, Korrosionsbeständigkeit, hygienische Sauberkeit, Transparenz oder Lichtschutz.

Im wesentlichen dienen heute zwei Basismaterialien zur Herstellung von Kunststoff. Erzeugnisse wie Polyäthylen, Polyester oder Polystyrol — dazu zählt auch das unter dem Namen Styropor bekannte expandierte Polystyrol — sind reine Erdölprodukte. In einem zweiten Materialbereich wirken die Erdölchemie und die Salzchemie zusammen. PVC (Polyvinylchlorid) ist der bekannteste Repräsentant dieses Materialtyps, der zu 60 Prozent auf dem aus Salz gewonnenen Chlor und zu 40 Prozent auf einem Erdölprodukt basiert. Die Gewinnung von Chlor aus Salz ist übrigens Basis für einen der größten Chemiebereiche überhaupt — eben die Chlorchemie. Aber auch andere Verpackungsbereiche sind auf die Chlorgewinnung angewiesen. Die bei den chemischen Prozessen anfallende Natronlauge dient unter anderem nämlich auch als Basismaterial für die Glaserzeugung.

Als am schnellsten wachsender Verpackungssektor ist Kunststoff generell den härtesten Vorwürfen als Umweltbelaster ausgesetzt. PVC wird aber darüber hinaus schärfstens attackiert, da bei Verbrennungsprozessen in der Abfallentsorgung Salzsäure anfällt, die bei fehlenden Filteranlagen an die Umwelt abgegeben wird.

Die Produktionsmengen von Kunststoffverpakkungen wachsen in Riesenschritten auf 200 000 Tonnen zu. Westdeutschland stand vor der Wende an der Schwelle zu zwei Millionen Tonnen.

Textilien

Der Sack zählt wohl zu den zeitlosesten Packmitteln, die es gibt. Aus Textilien erzeugte Säcke stehen seit etwa 600 v. Chr. vor allem als Transportverpackung im Einsatz. Selbstverständlich haben sich die Fertigungsmethoden geändert und die Produkteigenschaften verbessert. Säcke ohne Nähte dürfte es schon vor dem Jahr 1822 gegeben haben. Die wenigen österreichischen Privilegien und Patente zu diesem Verpackungsbereich beziehen sich auf diverse Herstellungsverfahren. Neben Säkken spielt auch die Erzeugung von Bindfäden eine nicht unbedeutende Rolle.

Wenn der textile Verpackungsbereich auch längst nicht so groß ist wie die anderen Sektoren, so zeichnet er sich doch durch hervorragende Wachstumsraten aus. So hat sich die österreichische Produktionsmenge 1989 verdoppelt und damit wertmäßig um mehr als 40 Prozent zugelegt. Ein langjähriger Abwärtstrend dürfte damit am Ende der achtziger Jahre gestoppt worden sein.

Verbundverpackungen

Der Gedanke, die Eigenschaften verschiedener Packstoffe miteinander zu verbinden und in einer neuen Verpackung zu kombinieren, ist sicher nicht neu. Aber erst mit den vielfältig verwendbaren Kunststoffen konnten Verbundverpackungen in großem Rahmen erzeugt werden. Dabei lassen sich einerseits Kunststoffe untereinander verknüpfen. Durch die Verbindung mehrerer Lagen gleicher oder verschiedener Folienarten entstehen Verbundfolien. Als Beispiel für einen sehr gängigen Verbundtyp läßt sich die weitverbreitete Verpackung von Süß- und Teigwaren in Form von schlauchartigen Säckchen anführen. Dafür wird sogenanntes Zellglas-DM mit Polyäthylen in verschiedenen Verfahren verbunden. Bringt das Zellglas seine Festigkeit, Steifheit, den Feuchtigkeitsschutz und die Gleitfähigkeit im Verarbeitungsprozeß in den Verbund ein, so sorgt das Polyäthylen für eine Wasserdampfsperre und für das Verschmelzen im Verarbeitungsprozeß.

Andererseits gibt es aber auch zahlreiche Verbunde zwischen verschiedenen Packstoffen, etwa zwischen Kunststoff und Papier. Die bekannteste Verbundverpackung ist wohl der Verbundkarton, die Milchpackung, bei der der Karton an der Innenseite mit Polyäthylen beschichtet ist. Vor allem im Bereich der Lebensmittelverpackungen sind Verbunde heute nicht mehr wegzudenken.

Wie die Geschichte zeigt, bilden verpackte Güter und die Verpackung selbst stets eine Einheit. Jeder wirtschaftliche Aufschwung führte dabei zu jeweils höheren Anforderungen an die Verpackungen. Industrielle Revolutionen gingen daher meist auch Hand in Hand mit Verpackungsrevolutionen.

Funktionalität und Wirtschaftlichkeit

Die Aktivitäten der Verpackungsjäger richten sich vor allem gegen einen Verpackungsüberfluß. Sie gehen in etwa nach folgender Devise vor: „Seht an, wieviel überflüssige Verpackung ich von den Konsumartikeln entfernen kann, und trotzdem kann ich die Produkte mit nach Hause nehmen!" Tatsächlich bleibt der Einkauf auch ohne die zurückgelassene Verpackung möglich. Allerdings: Der Verpackungsjäger bewertet nur den letzten von drei großen Lebenszyklusabschnitten, die die Verpackung durchläuft. Funktionalität, Wirtschaftlichkeit und Überfluß werden aber erst in einer Gesamtbetrachtung ersichtlich.

Verpackungen müssen zahlreichen Anforderungen gerecht werden, die im wesentlichen von drei verschiedenen Seiten an sie gerichtet werden: Zum einen ist es das Packgut selbst; in der Folge die Personengruppen, die mit der Verpackung im Lauf ihres Lebenszyklus in Berührung kommen, in der Regel also Abpacker, Mitarbeiter des Handels und Konsumenten, und zum dritten der Gesetzgeber, nach dessen Auflagen sich die Verpackung auszurichten hat.

Die Anforderungen selbst lassen sich nach drei klar strukturierten Typen unterscheiden: Es gibt Muß-, Soll- und Kann-Anforderungen. Optimal ist eine Verpackung offensichtlich dann, wenn sie alle Anforderungsvarianten erfüllt oder, wissenschaftlicher gesagt, wenn ihr Anforderungsprofil mit dem Leistungsprofil übereinstimmt.

Die schützende Hülle

Wie schon aus der geschichtlichen Entwicklung der Verpackung ersichtlich wird, hatte die Verpakkung zu allen Zeiten eine Schutzfunktion für das verpackte Gut zu erfüllen. Als mit Abstand anspruchsvollste Waren rückten dabei eindeutig die Lebensmittel in den Vordergrund. Wissenschaftlich betrachtet, ergibt sich durch die chemisch-physikalischen Eigenschaften der eingesetzten Verpackungsmaterialien die Ausgangsposition für die Beurteilung ihrer Schutzfunktion. Sie sollte gleich einer ganzen Reihe von möglichen Beeinflussungen vorbeugen.

Aus der Sicht der Verpackung gibt es mehrere umfassende Gruppen von Lebensmitteln, auf deren unterschiedliche Eigenschaften Rücksicht genommen werden muß: Es handelt sich dabei um die Empfindlichkeit gegenüber Wasserdampf, Sauerstoff und Licht, um das Verhalten flüssiger sowie stark aromatischer oder aromaempfindlicher Lebensmittel und letztlich um das Verhalten aggressiver Füllgüter. Auf diese Skala von Empfindlichkeiten kommen nun unterschiedliche Belastungen aus der Umwelt zu.

Zum einen sind es klimatische Einflüsse, die den Lebensmitteln zu schaffen machen. Damit sind freilich nicht nur geographisch bedingte Klimaunterschiede gemeint, sondern etwa auch die Bedingungen in Kühlräumen, im Supermarkt oder im Transportfahrzeug. Gase oder Dämpfe können unter ungünstigen Einflüssen durch die Poren des Packstoffs treten und dort eine Lösungsdiffusion auslösen, also mit dem Packstoff in eine chemische Reaktion treten. Offensichtlich muß darauf bei der Wahl der Packstoffe Rücksicht genommen werden. Die größte Gefahr droht Lebensmitteln durch die Einwirkung von Mikroorganismen. Der durch Bakterien bewirkte Verderb stellt wohl auch die größte Herausforderung an die Verpackungstechnologie dar. Aber auch gegen tierische Schädlinge wie Würmer oder Nagetiere muß ein perfekter Schutz gegeben sein.

Der letzte große Bereich an Schutzfunktionen betrifft mechanische Einflüsse. Bei den entsprechenden Verpackungen handelt es sich in der Regel nicht um die unmittelbar die Produkte umgebenden Hüllen, sondern um Vor- und Umverpackungen größerer Packeinheiten. Meist werden Einzelhandelspackungen zu einem Packstück zusammengefaßt, um den logistischen Prozeß zu rationalisieren. Die Verpackungen sollen vor allem Schäden vorbeugen, die durch Stoßen, Stauchen und Rütteln insbesondere am Transportweg der Waren entstehen können.

Es gilt übrigens nicht nur, für jeden Empfindlichkeitstyp das richtige, grundsätzlich geeignete Material zu finden. Für die Verwendung eines Packstoffs im Lebensmittelverkehr müssen nationale und internationale gesetzliche Regelungen als unbedingte Voraussetzung erfüllt werden.

Verpackung als logischer Mittelpunkt der Logistik

Es dauert eine ganze Weile, bis eine Ware vom Erzeuger zum Konsumenten gelangt ist; und die Verpackung muß garantieren, daß die Ware Transport und Lagerzeit übersteht.

Die Logistik, also die technische, organisatorische und wirtschaftliche Abwicklung von Transport- und Lagerprozessen, hat sich in den vergangenen vier Jahrzehnten grundlegend revolutioniert. Jedes Unternehmen ist heute auf eine Optimierung des Warenstroms von der Produktion bis zum Endabnehmer angewiesen, um konkurrenzfähig zu bleiben. Die Transportkette muß lückenlos von der Güterproduktion zur Güterverwendung reichen. Um das zu erreichen, werden die Kettenglieder nicht nur organisatorisch, sondern auch technisch miteinander verknüpft. Schließlich beschränkt sich die moderne Warenverteilung, auch Distribution genannt, nicht darauf, Wege und Zeit mit logistischen Instrumenten einfach irgendwie zurückzulegen. Es geht viemehr darum, Güter in entsprechender Menge zum richtigen Zeitpunkt an den richtigen Ort zu schaffen und dabei den geringstmöglichen Aufwand zu verursachen.

Das bedeutet eine sehr umfassende organisatorische Herausforderung, denn der gesamte Verteilungsweg eines Produkts — besser gesagt: vieler Tausender Produkte in hunderttausendfacher Ausführung — führt über mehrere Stufen: Herstellen und Konfektionieren, Portionieren und Abpacken, Transportieren und Lagern, Anbieten und Verkaufen, Nutzen und Beseitigen. Nun kristallisiert sich bei der logistischen Vernetzung dieser Stufen eine Art Grundgesetz heraus: Die Gestaltung einer Stufe bestimmt nämlich die Höhe der Aufwendungen in den anderen Stufen. Es ist daher sicherlich verfehlt, nur die einzelnen Glieder der Distributionskette auf ihren geringstmöglichen Aufwand zu hinterfragen — so als ob sie nicht im Zusammenhang miteinander stünden. Beispielsweise ist die Kritik an der Kartonüberverpackung über einer Streichkäsedose erst dann vollständig, wenn auch die Funktionalität dieser zweiten Hülle in den Lager- und Transportstufen hinterfragt ist. Eine optimal ausgerichtete Distributionskette muß also auf den geringstmöglichen Gesamtaufwand abzielen.

Um eine Verpackung bestmöglich in die Warenkette einzufügen, braucht man eine strategische Verpackungsplanung, die auf eine ganze Reihe von Voraussetzungen Rücksicht nimmt. Schon bei der Produktion der Ware gilt es, den innerbetrieblichen Materialfluß zu berücksichtigen. Transport- und Lagerkapazitäten müssen optimal genutzt, die lokalen Gegebenheiten der Umschlagplätze, also in der Regel die Lagergegebenheiten der Groß- und Einzelhändler, berücksichtigt werden. Vor allem aber müssen Verpackungen auf sämtliche Rationalisierungstechniken wie Förder- und Hebeeinrichtungen abgestimmt sein. Dafür wiederum ist die Normierung der Packmittel unbedingt notwendig.

Den Verbraucher- und den Transportverpackungen sind exakte, modulgerechte Abmessungen vorgegeben. Um etwa große Versandeinheiten zu bilden, müssen die aus Einzelpackungen zusammengestellten Module ihrerseits Transportsicherheit und Stapelfähigkeit garantieren, damit sie palettiert oder in Containern zusammengefaßt werden können.

Und zu guter Letzt muß die Einzelverpackung aus logistischer Sicht (freilich keineswegs nur aus dieser Sicht) auf die Anforderungen des Einzelhandels abgestimmt sein. Supermärkte jeder Größe verlangen leicht manipulierbare Packstücke und Packstückgewichte, die mit möglichst wenig Aufwand und zugleich schon entnahmebereit in die Regale geschlichtet werden können. Auch der Manipulationsprozeß zur Entsorgung der Versandverpackungen sollte sich in Grenzen halten. Der Handel kann sich bei Gewinnspannen von weniger als fünf Prozent weder die Manipulationszeit noch die Bereitstellung zu großer Raumkapazitäten für die Entsorgung der Verpackungen leisten.

Womit nach der schon historischen Verschmelzung von Ware und Verpackung zu einer Einheit ein zweites unbedingtes Zusammenwirken auf den Plan tritt: Eine wirtschaftlich und organisatorisch funktionierende Warenverteilung ist auf optimale Verpackungslösungen angewiesen.

Die Haut, die das Produkt zu Markte trägt

Wie der geschichtliche Abriß zeigte, war das Gros der Erfindungen rund um die Verpackung lange Zeit nur auf technische Verbesserungen ausgerichtet.

Die Identität von Produkten war im 19. Jahrhundert noch nicht schutzwürdig. Mit der immer größeren Vielfalt von Waren, die zueinander in Konkurrenz traten, wurde aber die individuelle Erscheinung der Erzeugnisse als verkaufsfördernder Faktor entdeckt. Man kaufte nicht mehr Suppenwürze, sondern Maggi, nicht mehr Waschmittel, sondern Persil. Um das Wiedererkennen von Produkten zu ermöglichen, mußte man sie aber erst mit den entsprechenden Unterscheidungsmerkmalen versehen. Genauer gesagt, nicht die Produkte selbst, sondern deren Verpackung. Dieser konnte man wiederholbare Formen geben, an ihr Schriftzüge, Farben und Bilder anbringen, die den Konsumenten in Erinnerung bleiben würden.

Die Verpackung erhielt damit bereits in der zweiten Hälfte des vergangenen Jahrhunderts eine völlig neue Funktion. Sie wurde zum Träger für die entscheidenden Verkaufsargumente der Ware: Der Markenartikel war erfunden.

Der Quantensprung zur heutigen Bedeutung sollte allerdings erst nach dem Zweiten Weltkrieg erfolgen, als in den USA die ersten Selbstbedienungsläden entstanden. Die Ware wurde plötzlich nicht mehr von einem Verkäufer an den Kunden herangetragen, die Vermarktung ging an andere Instrumente wie die Werbung über, wurde ganz allgemein zum „Marketing“. Und die Verpackungen der Konsumartikel spielen dabei eine hervorragende Rolle. Sie übernehmen bei einem Großteil der Waren die Werbung, die Information, etwa die Deklaration über Produktinhalt, Haltbarkeit und dergleichen mehr, aber auch eine entscheidende Kommunikationsleistung. Schließlich sind sie der letzte Kontaktpunkt zwischen Konsument und Ware vor der Kauf- oder Nichtkauf-Entscheidung. Womit offensichtlich die vierte Grundfunktion der Verpackung in ihrer absatzwirtschaftlichen Bedeutung liegt.

Die revolutionäre Selbstbedienung

Die Revolution des Handels im 20. Jahrhundert wurde also mit der Einführung der Selbstbedienung eingeleitet. Mit dieser neuen Form des Verkaufens wurde ein Weg gefunden, ein riesiges Warenangebot schnell, vor allem aber kostengünstig an den Konsumenten heranzubringen. Die Auswirkungen waren enorm, insbesondere für den Lebensmittelhandel mit seinem überaus breiten Sortiment. In den meisten westlichen Staaten, so auch in Deutschland und in Österreich, werden heute mehr als 90 Prozent des im Lebensmittelhandel erzielten Umsatzes über die Selbstbedienung erwirtschaftet.

So schlimm der Strukturwandel des Handels, der Tausenden kleinen Kaufleuten die wirtschaftliche Existenz kostete, für die Betroffenen ist, so angenehm waren die Folgen für den Konsumenten. Mußte man vor 30 Jahren noch umständlich von Geschäft zu Geschäft gehen, um seine täglichen Konsumbedürfnisse zu befriedigen, so konnte man das mit der Zeit immer leichter in einem einzigen Laden tun. Anders gesagt: Die Lebensqualität stieg insofern, als für die Beschaffung immer vielfältigerer Konsumartikel immer weniger Zeit- und auch Kostenaufwand notwendig war.

Heute lebt der Konsument der westlichen Welt in einem Status vollkommener Versorgung. Allein beim Einkauf im Supermarkt ums Eck kann auf rund 400 Quadratmetern aus rund 5 000 Artikeln — der größte Teil davon sind verschiedenste Lebensmittel — gewählt werden. Großflächige Verbrauchermärkte offerieren 70 000 Artikel und mehr auf engstem Raum.

Der POS als Schnittpunkt der Verpackungsfunktionen

Genau an dieser Stelle, am sogenannten Point of Sales (POS), in der Regel also im Supermarkt, fließen sämtliche Funktionen der Verpackungen zu einer Einheit zusammen. Gemäß ihrer Schutzfunktion hat die Verpackung dafür gesorgt, daß das verpackte Produkt an dieser Stelle noch verwendbar ist, und garantiert sowohl dem Händler wie dem Konsumenten, daß es mindestens bis zum Ende der — auf ihr selbst angegebenen — Ablauffrist intakt bleibt. Der logistischen Funktion entsprechend kommen aus den Transportfahrzeugen nun „ladengerechte Versandverpackungen" in den Wareneingang des Supermarkts.

Unter „ladengerecht" ist eine ganze Reihe von Anforderungen zu verstehen, die zu diesem Zeitpunkt längst bedacht sein müssen. Mit dem Eintritt in den POS erreicht die Ware nämlich den Punkt in der Warenverteilungskette, an der am meisten manipulationsintensive Arbeiten anfallen. Und: Manipulation ist gleichbedeutend mit Arbeitskosten.

Der Handel ist also bestrebt, so viel wie möglich zu rationalisieren. Schon dabei spielt das Selbstbedienungskonzept eine wesentliche Rolle. Gegenüber dem Bedienungsverkauf werden einerseits die Regalentnahme und die Einkaufszusammenstellung an den Käufer abgegeben. Andererseits wird der Verpackungs- und Portionierungsprozeß zum Hersteller der Waren zurückverlagert. Bei den meisten Artikeln sind heute Ein- und Mehrportionspackungen schon die Regel.

Der Handel versucht aber auch, auf die Verpackungsgestaltung hinsichtlich Gewicht, Volumen und Handlichkeit Einfluß zu nehmen. Der Aufwand, Waren aus den Transportverpackungen auszupacken, sie mit Preisetiketten zu versehen und verkaufs-, soll heißen selbstbedienungsgerecht ins Regal zu befördern, sollte so gering wie möglich sein. Das Ziel dabei ist nicht nur eine Minimierung der Regal-Nachfüllzeiten. Die Verpackung soll zudem für eine optimale Nutzung der Regalflächen garantieren. Auch der anfallende Abfall aus den Transportverpackungen wird mit diversen Methoden reduziert. Die Display-Verpackung ist ein typisches Beispiel dafür. Die Transportverpackung wird nach ihrer logistischen Funktion ein zweites Mal am POS verwendet.

Transportkartons etwa sind so vorgefertigt, daß man sie durch das Umknicken einiger Laschen als Sonderverkaufsständer verwenden kann.

All diese Rationalisierungsschritte sorgen dafür, daß der Tätigkeitsumfang des Verkaufspersonals im Verhältnis zum ständig steigenden Warenangebot nicht steigt oder sogar noch reduziert wird. Der gesamte Manipulationsprozeß muß möglich bleiben, ohne eine Kostenexplosion heraufzubeschwören.

Nachdem die Handelsunternehmen im freien Wettbewerb überleben müssen, ist ihre Konkurrenzfähigkeit in Sachen optimaler Preisgestaltung schließlich ein ganz entscheidender Erfolgsfaktor.

Der scharfe Wind der Konkurrenz prägt auch die Marketing-Konzeption der Verpackung für den POS. Der Wettbewerb von Produkten im Supermarkt verläuft keineswegs nur mehr innerhalb von Sortimenten. Der Konsument entscheidet also beispielsweise nicht nur, ob er heute Chips mit oder ohne Paprika kaufen soll. Ihm bietet sich gleich eine ganze Palette von Möglichkeiten innerhalb, aber auch außerhalb des Snack-Regals an. Die gesalzenen Chips sehen sich damit etwa im Wettstreit mit dem Süßwarenregal oder gar mit der Tiefkühltruhe, wo ein neues Kartoffelprodukt fürs Backrohr zu finden ist.

Um so mehr müssen Markenartikel mit einer gewissen Einzigartigkeit ausgestattet sein, die dem Konsumenten eine klare Zuordnung ermöglicht. Und für das Auge ist dem Käufer seit Anbeginn des Markenartikel-Zeitalters praktisch nur die Verpackung zugänglich. Sie trägt ganz im wörtlichen Sinn „die Haut des Markenartikels zu Markte“. Das Erscheinungsbild der Verpackung hat die Aufgabe, entsprechende individuelle Qualitäts- und Preisvorstellungen beim Konsumenten auszulösen und sein Vertrauen in die Marke zu wecken und zu erhalten. Man denke an die Verhüllungen von Christo: Ein alltägliches Ding und eine spezifische Verpackung schaffen eine neue, individuelle Einheit, die in der Lage ist, größte Aufmerksamkeit zu erregen. Die Verpackung ermöglicht somit nicht nur die Produktdifferenzierung, sondern überhaupt den Wettbewerb im Sinn der Marktwirtschaft.

Die Verpackungsgestaltung ist daher auch eng mit Werbekampagnen und den Verkaufsförderungen rund um den Markenartikel verzahnt. Gemeinsam mit den anderen Marketing-Instrumenten soll sie in der Lage sein, Verkaufsimpulse auszulösen. Aber auch noch nach dem Kauf schafft sie zahlreiche Kontakte mit dem Konsumenten. Ihre individuelle Ausdrucksform und ihr Informationsgehalt transportieren das Wesen des Produkts bis zur absolut letzten Anwendung.

Als Informationsträger teilt die Verpackung umfassend über die Verwendung des Inhalts, das Öffnen der Packung, die Haltbarkeit und dergleichen mehr mit. Die Verpackungsgestaltung transportiert aber auch subtilere, emotionell greifende Informationen wie das Image des Produkts: jünger, älter, weiblich, männlich, modern, zeitlos usw.

Wirtschaftlich ist gerade soviel wie nötig

Die Leistungsanforderungen allein sind freilich kein Garant für den ökonomischen Einsatz der Produkthüllen. Nun beurteilen aber sowohl Warenerzeuger als auch Händler Verpackungen als Kostenfaktor, der direkte Auswirkungen auf den Geschäftsgang mit sich bringt. Sie werden daher im Regelfall versuchen, die Kosten und damit den Verpackungsaufwand zu minimieren und gerade soviel Verpackung einzusetzen, wie für die funktionelle Zielsetzung nötig ist.

Konsumenten wollen diese Strategie häufig nicht so recht glauben. Bei Befragungen stellt sich immer wieder heraus, daß sie den Kostenanteil der Verpakkungen an den Produkten um ein Vielfaches überschätzen. Ein klassisches Beispiel dafür sind Zigarettenpackungen, die in der Verbrauchermeinung 20 und mehr Prozent des Produkts ausmachen.

Tatsächlich entfällt in allen Ländern ein Gros des Preises auf Steuern, vom verbleibenden Restwert aber nur rund 7,5 Prozent auf die Verpackung.

Eine Untersuchung des IZK (Informationszentrum Kunststoffverpackungen, eine Institution deutscher Kunststoffproduzenten) brachte folgende durchschnittliche Anteile von Verpackungskosten an den gesamten Produktionskosten zutage: Bei Kosmetika sind es 7,5, bei Nahrungs- und Genußmitteln 6 Prozent. Chemische und technische Erzeugnisse, Arzneimittel, Farben und Lacke weisen Anteilsquoten von 2 bis 2,5 Prozent auf.

Nun kann das Anforderungsprofil an eine Verpackung durch unzulängliches Verpacken sowohl untererfüllt als auch durch zu aufwendiges Verpakken übererfüllt werden. In beiden Fällen allerdings werden die Vermarktungskosten steigen.

Daher läßt sich die kostengünstige Verpackung leicht definieren: Es ist jene Verpackung, die die Gesamtkosten der Warenvermarktung — diese machen im Schnitt 15 bis 25 Prozent des Unternehmensumsatzes aus — so gering wie möglich hält.

Ohne Zweifel schafft dieses Kostennetz einen Rationalisierungsdruck, der sich auch an zahlreichen Beispielen nachvollziehen läßt. Um nur einige davon anzuführen: Bei Karton- und Wellpappeverpackungen betrugen die durchschnittlichen Materialeinsparungen in den vergangenen zehn Jahren rund 20 Prozent. Vor 15 Jahren wog eine 4-Liter-Weichspülerflasche noch rund 300 Gramm. Heute liegt ihr Gewicht bei rund einem Drittel. Und als extrem materialsparende Alternative hat man schließlich die nur ein bis zwei Gramm schweren Nachfüllfolien entwickelt.

Joghurtbecher brachten vor einigen Jahren noch durchschnittlich 11 bis 12 Gramm auf die Waage. Heute sind sie nur noch 4,5 bis 6 Gramm schwer. Die sogenannte Leichtglas-Milchflasche mit etwa 440 Gramm wiegt fast ein Drittel weniger als ihre rund 600 Gramm schwere Vorgänger-Flasche.

Die Rationalisierungsbemühungen beim Verpakkungseinsatz schlagen sich auch in einer volkswirtschaftlichen Größe nieder. Das Wachstum der Verpackungswirtschaft bleibt seit Jahren kontinuierlich hinter dem Wachstum der verpackten Güter zurück. Anders gesagt: Immer mehr Produkte benötigen relativ betrachtet immer weniger Verpakkungsmaterial. Von den quantitativen Fakten her ist die Behauptung, es werde „immer aufwendiger verpackt" also falsch. Richtig ist nur, daß immer mehr Produkte verkauft werden, und diese wollen eben verpackt sein.

Nun ist aber der Kostenfaktor sicherlich nicht die allein bestimmende Größe für Rationalisierungsmaßnahmen. Eine ganzheitliche Sicht muß wohl über die Aufwendungen hinausgehen. Schließlich resultieren die Gewinne der Wirtschaft nicht nur aus dem Einsparen von Kosten, es muß auch Nutzen daraus entstehen. Bei der leichten Milchflasche etwa wurde das Gewicht sehr wohl auch aus Komfortgründen für den Konsumenten abgespeckt. Vor 20 Jahren war eine so leichte Flasche mit der erforderlichen Bruchsicherheit technisch einfach noch nicht machbar. Die Kosten für die technische Entwicklung wurden aber in Kauf genommen, weil man sich dadurch größere Absätze erhoffte. Die Nachfüllfolien für Waschmittel und Weichspüler sind eine von vielen Reaktionen der chemischen Industrie auf das immer kritischer gewordene Umweltbewußtsein der Konsumenten. Das Weiterentwickeln von Produkten und Verpakkungen erweist sich dabei als Reaktion auf neue Verbraucherbedürfnisse. Es gibt also eine ganze Reihe von Ursachen, die zu Änderungen im Verpackungsverhalten beziehungsweise zu ganz bestimmten Verpackungsvarianten führen.

Womit noch einmal die Kritik an überflüssiger Verpackung aufgegriffen werden soll. Im Zeitalter der Markenartikel verkauft und kauft man nicht einfach nur zweckmäßige Erzeugnisse. Der Erfolg dieser Erzeugnisse liegt vielfach in ihrem Image, das sie zu transportieren verstehen. Der Wert der Waren wird daher nicht allein durch ihre Funktion, sondern auch durch den bewußtseinsbildenden Prozeß ihrer Markenzeichen bemessen. Der Konsument zahlt 50 Prozent für ein T-Shirt, die andere Hälfte für das berühmte an den Stoff genähte Krokodil und seinen Imagewert. Und dieses Zusammenwirken von Funktion und Image gilt sehr wohl auch für den Supermarkt und die Tausendschaft der dort angebotenen Artikel.

Waren mit hoher Imagekomponente und entsprechend hohen Preisen setzen freilich sehr häufig auf ebenso hochwertige Verpackungen. Das gilt etwa für zahlreiche Parfümerie-Erzeugnisse. Ein findiger Amerikaner kam Mitte der achtziger Jahre sogar auf die Idee, „nichts“ zu verpacken. Und die Pakete, in denen nichts drin war, verkaufte er recht teuer, offensichtlich an Menschen, die sich an der Originalität der Idee erfreuten und gerade dafür bereit waren, Geld auszugeben.

Der Erfolg sehr aufwendig verpackter Produkte beruht auf einem ganzen Paket emotioneller Impulse, die beim Konsumenten ausgelöst werden. Sie werden über die Verpackungen ausgesendet oder im Umfeld von anderen Marketingaktivitäten an ihnen wiedererkannt. „Ohne luxuriöse Verpakkung kein Verkaufserfolg“, lautet die einfache Rechnung für diese Erzeugnisse. Eine Konsumentin, die Chanel-Parfum kauft, will keine bernsteinfarbene Flüssigkeit in einer kleinen Normflasche mit einem Papieretikett. Der hohe Verpackungsaufwand ist also im Sinn der Verpackungsfunktion Marketing absolut funktionell. Der „Überfluß“ besteht hier offensichtlich in einem Luxusbedürfnis der Konsumgesellschaft, die sich je nach Wohlstandsniveau ganz besondere Wünsche befriedigen will.

Kritik richtet sich aber nicht nur gegen Luxus-, sondern auch gegen sogenannte Mogelverpackungen (wobei gerade Luxusverpackungen oft als Mogelverpackungen empfunden werden). Eine 1986 in Deutschland durchgeführte Repräsentativumfrage ergab, daß 86 Prozent der Befragten an eine solche Mogelverpackung und damit an eine Packmittelverschwendung glaubten. Waschmittel führten dabei vor Kosmetika und Pralinen. Nun sind sowohl Kosmetika wie auch Pralinen weitgehend eben jene imagegeprägten Erzeugnisse, die zu einem nicht unbeträchtlichen Teil aus ideellen Gründen gekauft werden. Das „Mogeln“ besteht hier in einer bestimmten Imagebildung. Anders gesagt: Natürlich muß beispielsweise nicht jede Praline einzeln verpackt sein, damit man sie essen kann — den Verkaufserfolg macht aber eben auch die Freude an dieser Extravaganz aus. Wenn es einen Markt gibt, solche Produkte ohne luxuriösen Hintergrund zu kaufen, so ist allein die Tatsache, daß es ihn gibt, eine Aufforderung an die Wirtschaft, ihn auch zu bedienen. Tatsächlich präsentieren sich heute bereits diverse Naturkosmetika in einem neuen Produktauftritt, der auf aufwendiges Outfit demonstrativ verzichtet. Und auch bei den Bonbonnieren zeichnen sich alternative Verpackungen ab. Materialien aus Waffelmasse, schnell verrottbare Biomasse sorgen da und dort dafür, daß das Eleganzimage durch ein Umweltimage abgelöst wird.

Bei Waschmitteln könnte hingegen der Eindruck erwachsen, man wolle mit den Verpackungen große Mengen vortäuschen und verkaufe dann nur kleine Inhalte. Tatsächlich steht man hier jedoch vor einer technischen Besonderheit. Das Waschpulver wird nach dem Abfüllen nämlich aufgerüttelt, damit die Luft zwischen den Pulverkörnchen entweichen kann — eine Maßnahme, die notwendig ist, um das Waschmittel auch pulverförmig zu erhalten. Das Volumen in der Packung sinkt dadurch ab. Das eingefüllte Gewicht bleibt jedoch dasselbe. Die Waschmittelerzeuger wollten sich mit dem Imageeffekt des „Mogelns“ allerdings nicht abfinden. Sie kehrten ihn eigentlich sogar um, indem sie konzentrierte Waschmittel entwickelten. Diese haben nun das Image, mit wenig Menge viel zu erreichen. Bei flüssigen Waschmitteln fällt der Aspekt einer Mogelverpackung gänzlich weg. Ein pauschaler „Mogel"-Vorwurf erscheint daher wenig sinnvoll. Freilich tauchen immer wieder Mogelverpakkungen auf. Meist verhindert aber vor allem die Wachsamkeit von Konsumentenschützern, daß sie sich am Markt halten können.

Rationalisierungsdruck und Rahmenbedingungen

Verpackungswissenschaftler glauben nun, daß das Rationalisierungspotential bei Verpackungen heute weitgehend ausgeschöpft ist, wenn diese den funktionellen und meist gesetzlich vorgegebenen Leistungsanforderungen gerecht bleiben sollen. Auf 5 Prozent schätzt etwa der am Wiener Verpakkungsinstitut tätige Univ.-Lektor Thomas Rieder das durchschnittliche, quer über die Verpackungsarten gelegte, noch offene Einsparungspotential. Nur bei den schon erwähnten, bereits in der Verpackung auf besonderen Luxus ausgerichteten Produkten wäre es größer. Ansonsten verhindert schon der Wettbewerb unter den Verpackungsherstellern einen überhöhten Verpackungsaufwand.

Dieses Potential geht freilich vom derzeit herrschenden Status aus. Geänderte Rahmenbedingungen schaffen auch neue Ausgangspositionen. Wenn der Konsument die Einsparung von Verpackungsmaterial einerseits, einen hohen Altstoffanteil und die Wiederverwertung andererseits immer intensiver mit dem Markenimage verknüpft (was in der Praxis ja passiert, für geänderte Rahmenbedingungen allerdings noch gehörig zunehmen muß), so gibt es darauf eine ganz logische Reaktion der Markenartikelindustrie. Sie wird die Inhalte ihres „trading up“, also der Wertgebung ihrer Produkte, neu gestalten. Schließlich ist sie darauf bedacht, Konsumentenbedürfnisse zu befriedigen. Und die zahlreichen derzeit unter dem Aspekt „ökologisch“ angebotenen Produkte belegen diese Reaktionsbereitschaft. Wenn sich mit der ökologischen Argumentation der Verkaufserfolg steigert, die Konsumenten bereit sind, mehr für ökologische Effekte zu bezahlen, so wird sich die Wirtschaft entsprechende funktionell vertretbare Verpackungsrationalisierungen auch mehr kosten lassen. Diese Verlagerung von Wertigkeiten ist im freien Spiel der Marktkräfte keine Besonderheit. Nachfrage, Angebot und technische Möglichkeiten pendeln sich in der Regel ein. Gerade diese komplexen Gleichgewichte machen es sehr schwierig, mittels gesetzlicher Eingriffe die Rahmenbedingungen zu steuern.

Man wird gut daran tun, das gesamte geschilderte Umfeld zu betrachten. Es ist ein wirtschaftlich sehr wichtiges Ziel, die Wertschätzung von Erzeugnissen zu erhöhen und sich bei diesem „trading up“ sowohl funktioneller als auch emotioneller Wirkungsfaktoren zu bedienen. Ein Bedürfnis nach

Qualität, ja nach Luxus, ist ein ganz selbstverständliches Bedürfnis in einer Wohlstandsgesellschaft.

Es fällt vor allem außerordentlich schwer, hier politisch definierte Grenzlinien zu ziehen, die einen Teil dieser offensichtlich gewachsenen Mechanismen einfach als „überflüssig“ abtun. Auch die Stoßrichtung der politischen Maßnahmen ist nicht so einfach festzulegen. Richtet man sie gegen die Verpackungsindustrie, so treffen sie einen Wirtschaftszweig, der diese Marktmechanismen nicht selbst vorgibt, sondern seine Leistungen unter Vorgabe eben dieser Mechanismen erbringen muß. Verpackung ist kein Selbstzweck. Die Verpackungswirtschaft hat ihre Produkte — ob nun mehr oder weniger aufwendig — nach den Wünschen der Auftraggeber technisch einwandfrei und preislich konkurrenzfähig herzustellen.

Zu den klassischen Funktionen der Verpackung, nämlich Waren über Zeit und Raum zu transportieren, zu lagern und zu schützen, brachte das 20. Jahrhundert eine weitere zentrale Aufgabe: die Vermarktung der Ware unter den Wettbewerbsverhältnissen einer nahezu explodierenden Konsumwelt. Spätestens mit dem Beginn des totalen Konsumzeitalters brach die Diskussion um die Überflüssigkeit der Verpackung aus.

Verpackung aus volkswirtschaftlicher Sicht

Die Verpackungswirtschaft stellt einen beträchtlichen volkswirtschaftlichen Faktor dar. Tausende Unternehmen sind mit der Erzeugung, dem Import und dem Export von Packstoffen, Packmitteln, Packhilfsmitteln, Verpackungsmitteln und Verpackungsmaschinen beschäftigt. Für eine Reihe anderer Wirtschaftszweige sind die Produkte der Verpackungswirtschaft unverzichtbare Bestandteile. Und auf der Seite der Konsumenten prägen die Errungenschaften rund um die Verpackung ganz beträchtlich die Lebensqualität.

In Österreich werden jährlich von mehr als 500 Unternehmen etwas weniger als eine Million Tonnen, in Deutschland von etwa zehnmal soviel Firmen knapp 12 Millionen Tonnen Verpackungsmaterial aus Papier, Holz, Glas, Metall, Kunststoff und Textil hergestellt. Sie finden in der heimischen Wirtschaft ebenso wie in starken Exportleistungen ihren Absatz. Damit ist für Hunderttausende Arbeitsplätze gesorgt. Ein so großer Wirtschaftszweig steht freilich nicht allein im Raum, ganz im Gegenteil. Die Verpackungswirtschaft ist in ein die gesamte Volkswirtschaft überspannendes Netz eingebettet. Aus ihrer Produktivität ziehen sowohl große Bereiche der produzierenden Wirtschaft als auch der Handel und der Konsument einen wesentlichen Nutzen. So ist die Verpackungswirtschaft Großkunde für eine ganze Reihe von Zulieferindustrien, deren Geschäfte in der Versorgung der Packmittelhersteller mit Rohstoffen, Maschinen und dergleichen mehr bestehen.

Die Verpackungswirtschaft verzeichnet, absolut betrachtet, jährlich nicht unbeträchtliche Wachstumsraten, wobei die wertmäßigen Steigerungen das Mengenwachstum in der Regel übertreffen. Stellt man die Wachstumsraten der Verpackungsbranche allerdings in Relation zu anderen wirtschaftlichen Wachstumswerten, so entwickelt sich die Verpackungswirtschaft keineswegs außerordentlich. In Österreich verläuft die Wachstumskurve sogar rückläufig. 1970 lag der Anteil der Verpackungsproduktion an der gesamten in Österreich erbrachten wirtschaftlichen Leistung, dem Brutto-Inlandsprodukt (BIP), noch bei 1,55 Prozent. Bis 1986 ist dieser Anteil auf 1,2 Prozent gesunken. In Deutschland ist dieser relative Rückgang der Verpackungsproduktion zwar ausgeblieben, der Produktionswert hat sich über das vergangene Jahrzehnt hinweg jedoch stetig bei 1,55 Prozent des BIP gehalten. Die Werte der Verpackungswirtschaft haben sich also stets parallel zur Gesamtwirtschaft entwickelt.

Keine Versorgung ohne Verpackung

Nun besteht Volkswirtschaft nicht nur aus Produktionswerten und -mengen. In ihr artikuliert sich das Zusammenwirken sämtlicher wirtschaftlicher Leistungen innerhalb eines Staates. Die Verpackung macht den Güteraustausch im industriellen und im gewerblichen Bereich erst möglich. Sie eröffnet einen Großteil des technischen, organisatorischen und wirtschaftlichen Potentials einer arbeitsteiligen Produktion. Die Verpackung ist auch das wichtigste Mittel dafür, daß die Verteilung der Waren von der Produktion der Waren bis hin zum Verbraucher ohne Wertminderung zurückgelegt werden kann. Damit sind die Leistungen der Verpackungswirtschaft ein wesentlicher Garant für die Versorgung der Bevölkerung. Diese Tatsache tritt besonders kraß zutage, wenn man Industrienationen und wirtschaftlich weniger entwickelte Staaten aus der Perspektive der Verpackung miteinander vergleicht.

In den Dritte-Welt-Ländern verdirbt durchschnittlich die Hälfte, ja sind bis zu zwei Drittel der erzeugten Lebensmittel ungenießbar, bevor sie die Menschen erreichen. Ein Hauptgrund: Funktionierende Verpackungssysteme fehlen in diesen Ländern fast vollständig. Ihr Nichtvorhandensein verursacht damit den größten volkswirtschaftlichen Schaden, der einer Gesellschaft zustoßen kann, nämlich daß die darin lebenden Menschen zum Hungern verurteilt sind.

Umgekehrt wird gerade aus dieser Sicht verständlich, daß in unseren Breiten die Lebensmittelwirtschaft den mit Abstand größten Abnehmer und Verwender von Verpackungen stellt. Sie verbraucht rund 50 Prozent sämtlicher produzierter Verpackungen. Schließlich gilt es gerade in den Industriestaaten, für den räumlichen Ausgleich zwischen den landwirtschaftlichen Anbaugebieten, den schon näher an den Städten angesiedelten Verarbeitungsstätten und den Konsumenten zu garantieren. In der Infrastruktur einer modernen Volkswirtschaft ist die Verpackung ein absolut unverzichtbarer Bestandteil für die umfassende Versorgung sowie die schnelle und kostengünstige Verteilung der Wirtschaftsgüter.

Dieser enge Zusammenhang von Verpackungstechnologie und Versorgungsgrad läßt sich auch an Untersuchungsergebnissen aus unseren Breiten untermauern. In der DDR führte noch 1987 unter anderem eben der mangelnde verpackungstechnische Standard dazu, daß 15 Prozent der transportierten und gelagerten Lebensmittel verdarben. Im mit einem deutlich besseren Verpackungs-Know-how ausgestatteten Westdeutschland lag dieser Wert zur selben Zeit bei nur 2 Prozent. In diesem Sinne verhindert die funktionierende Verpackungswirtschaft übrigens auch ganz erhebliche Mengen Abfall, die durch verdorbene Erzeugnisse anfallen würden.

Verpackung für Waren aus aller Welt

Die volkswirtschaftliche Bedeutung der Verpakkung beschränkt sich allerdings nicht auf Lebensmittel allein. Das hohe Niveau der Verpackungswirtschaft spiegelt sich im gesamtwirtschaftlichen Niveau wider. Die moderne Welt des Konsums ist heute total vernetzt und kennt allenfalls politische, jedoch kaum wirtschaftliche Grenzen. Und auch die sozialen Grenzen haben sich — zumindest für die Bewohner der westlichen Industrieländer — weitgehend nivelliert. Soll heißen: Die Kaufkraft des durchschnittlichen westeuropäischen Konsumenten ist in der Regel stark genug, daß er das Gros der offerierten Konsumartikel aus aller Welt auch mit den ihm zur Verfügung stehenden finanziellen Mitteln erwerben kann.

Eben diese Entwicklung ist wie die Abwicklung der gesamten Warenwirtschaft ohne industrielle Verpackungslösungen nicht denkbar. Kaum jemand könnte sich die Angebote der Konsumwelt ohne Verpackung leisten. Und ob es sich um Stereoanlagen, Fernseher, Küchengeräte, Sportgeräte, Bücher, Schallplatten, Geschirr, Computer oder Produkte aus einer beliebig fortzusetzenden Liste handelt: Sie alle wären ohne die funktionellen Hüllen nicht unbeschädigt an die Konsumenten in aller Welt heranzubringen.

Verpackung und gesellschaftlicher Nutzen

Darüber hinaus ermöglicht der Verpackungsstandard eine Reihe nicht unbedingt in Umsatzzahlen zu messender volkswirtschaftlicher Werte.

Wenn die Verpackung umfassende Schutzfunktionen zu erfüllen hat, so schützt sie nicht nur die verpackten Güter vor der Umwelt, sondern auch die Umwelt vor den Gütern. Die Verpackung sorgt etwa für die Sicherung gegen Verletzungen an scharfen Warenteilen. Haushaltschemikalien und Pharmazeutika können heute kindergesichert verpackt werden. Auch sind Packungen häufig mit Originalitätsverschlüssen versehen, um eine teilweise Entnahme des Inhalts oder den Austausch des Inhalts zu verhindern.

Der vielleicht entscheidendste volkswirtschaftliche Beitrag der Verpackung ist ihre Funktion als Garant für Hygiene und für die Volksgesundheit. Sie garantiert die Einhaltung der strengen Lebensmittelgesetze. Produkte wie Gemüse, Kindernahrung und dergleichen mehr können auf der Basis moderner Verpackungstechnologie so verarbeitet werden, daß Nährwerte, Geschmack und Vitamine über lange Zeit erhalten bleiben.

Ein weiterer Bereich ist die „Convenience“, das heißt die Benutzungsfreundlichkeit, mit der Konsumartikel ausgestattet werden. Hier liefert die Verpackung einen Beitrag zur höheren Lebensqualität. Der Einkauf selbst, das Zubereiten von Lebensmitteln, das Angebot von Fertiggerichten verlangt weniger Zeit, die Portionierung der Packungen ermöglicht größere Abwechslung und verbrauchergerechte Mengen.

Konservierungsmöglichkeiten wie die Tiefkühltruhe und entsprechende Produkte (die ja ebenfalls verpackungstechnische Lösungen darstellen) erhöhen die Flexibilität im Haushalt. Mit solchen technischen Entwicklungen wurde vor allem das Tätigkeitsfeld der Hausfrau ganz wesentlich verändert, ja ermöglichen vielen Frauen erst die Berufstätigkeit.

Die geänderten Lebensgewohnheiten eröffnen umgekehrt der Wirtschaft wiederum neue Märkte und Möglichkeiten. Mit der gestiegenen Kaufkraft und den gewandelten Einkaufsgewohnheiten werden große Einkaufszentren salonfähig. Teilmärkte wie für Diätprodukte, Party-Produkte, Nahrungsmittel für Single-Haushalte usw. entstehen, Modeentwicklungen wie etwa das wachsende Angebot internationaler Speisespezialitäten werden möglich.

Aus welcher ideologischen Sicht man schließlich die Konsumgesellschaft beurteilen möchte — um ein Faktum wird man nicht herumkommen: Sie ist ein tragender Pfeiler des Wirtschaftswachstums, das seinerseits wesentlich für das Funktionieren der gesamten Volkswirtschaft verantwortlich zeichnet. Und die Verpackung spielt für das Funktionieren dieser Konsumgesellschaft eine ganz entscheidende Rolle.

Verpackungen erweisen sich nicht nur als klassisches betriebswirtschaftliches, sondern auch als unverzichtbares volkswirtschaftliches Hilfsmittel.

Verpackung als Abfall

Wenn sich drei Viertel der Bevölkerung über Verpackungen Gedanken machen, so hat das eine zentrale Ursache: Sie assoziieren Verpackung mit Abfall. Wenn die Verpackung nun auch tatsächlich eines der tragenden gesamtwirtschaftlichen Hilfsmittel ist, so ist sie nach Ablauf ihres Lebenszyklus augenscheinlich auch etwas anderes — nämlich Abfall. Die gesamte Wirtschaft, Verpackungshersteller wie Warenproduzenten und letztlich Einzelhändler, wird sich diesem Problem in zunehmendem Maß stellen müssen.

Nicht nur in der Medizin und der Nationalökonomie, auch im Verpackungswesen gibt es eine „Wiener Schule". Sie hat sich schon in den fünfziger Jahren für ein — nach ihrer Definition — ganzheitliches Denken um Verpackungslösungen stark gemacht und spricht von der „Doppelnatur der Verpackung" als Manifestation der Technik und der Wirtschaft: Jede Lösung eines Verpackungsproblems ist ein ausgewogener Kompromiß zwischen technischen und betriebswirtschaftlichen Anforderungen.

Szenenwechsel: 1969 versuchte man auf der weltgrößten Verpackungsmesse, der „Interpack", die Zukunftsperspektiven der Verpackung in Leitsätze zu gießen. Dabei sprach man vom Hunger in der dritten Welt, dem mit besseren Verpackungstechnologien vor Ort zu Leibe zu rücken wäre, von einer Aufklärung und Imagebildung über die Bedeutung des Verpackungswesens und über die kulturellen Folgen, die mit moderner Verpackung ausgelöst wurden.

Den Denkansätzen ist eines gemeinsam: Sie orientieren sich nicht an den ökologischen Folgen, die nach dem Ende des Lebenszyklus von Verpakkungen entstehen.

Im betriebs- wie im volkswirtschaftlichen Sinn fehlte und fehlt es nach wie vor an fest verankerten Grundsätzen zur Schonung der Umwelt, nach denen sich jeder zu orientieren hätte. Seit einem Jahrhundert wäre ein Unternehmen ohne Innovations- und Rationalisierungsbemühungen absolut chancenlos, wirtschaftlich zu überleben. Für jeden Unternehmer zählt es daher zur Selbstverständlichkeit, Geist und Geld in die technologische Weiterentwicklung seines Unternehmens zu stecken.

Der Umweltschutz und entsprechendes ökologisches Bewußtsein nahmen bis vor wenigen Jahren keinesfalls einen derartigen Einfluß auf den Gang der Wirtschaft. Die einfache Ursache: Der Nutzen für den Unternehmer fehlte ebenso, wie auch die Gesellschaft keinen Wert im Umweltschutz sah. Warum sollte er also in Dinge investieren, die für den unternehmerischen Erfolg sinnlos blieben?

In volkswirtschaftlichen Modellen ist die Umwelt ein Faktor, der sogar noch zu Beginn der neunziger Jahre unter der Kategorie „unter ferner liefen“ eingeordnet ist. Die Nutzung von Boden, Luft und Wasser hat in volkswirtschaftlichen Rechenmodellen nur einen untergeordneten Stellenwert.

Umweltbelastungen werden im volkswirtschaftlichen, aber weitgehend auch im rechtlichen Sinn als Gemeinkosten angesehen, die sozialisiert, also von allen Gesellschaftsmitgliedern gemeinsam beglichen werden. Dazu zählt auch die Müllentsorgung, die in Österreich dem föderalistischen Prinzip entsprechend in die Kompetenz der Gemeinden fällt. Gerade das zumeist völlige Fehlen von Deponiekonzepten in den Kommunen über Jahrzehnte hinweg unterstreicht, wie nebensächlich der Umweltfaktor hier eingestuft wurde.

Erst jetzt arbeiten die Wirtschaftswissenschaftler daran, volkswirtschaftliche Kategorien zu entwikkeln, die der Umwelt einen neuen Stellenwert einräumen. Langsam, aber sicher versucht man, die individuellen Verursacher von Umweltbelastungen nicht nur moralisch, sondern auch rechtlich und wirtschaftlich in die Verantwortung für die Folgen und deren Bewältigung einzubinden.

Das „grüne" Zeitalter

Mit dem Beginn der siebziger Jahre haben die westlichen Gesellschaften erstmals ein recht ausgeprägtes Umweltbewußtsein entwickelt. Der „Club of Rome" mahnte etwa in seinen Schriften. Das Initialereignis mit Breitenwirkung war allerdings die weltweite Ölkrise. Mit den Erdölschocks wurde den Industriestaaten nahezu schlagartig bewußt, daß die Ressourcen dieser Erde beschränkt sind und daher zumindest sorgsamer als bisher eingesetzt werden müssen.

Hand in Hand damit schärfte sich aber auch das Bewußtsein, daß nicht nur die Ressourcen in Gefahr sind, sondern die gewaltige Energieerzeugung und -verwendung ihrerseits die Umwelt massiv belasten. War in der ersten Phase des Wirtschaftswunders der totale Konsum die höchste Lebensqualität für die Menschen westlicher Gesellschaften, so verlagerte sich diese Einstellung. Die intakte Umwelt prägt die Lebensqualität der modernen Menschen immer stärker. Die Konsequenzen der Konsumgesellschaft werden in Frage gestellt.

Womit wir wieder zu unseren „Verpackungsjägern“ zurückkehren: Im Zuge der historischen Entwicklung gerieten Verpackungen nämlich sehr früh ins Schußfeld der Kritik, und zwar aus zwei Richtungen. Zum einen wurde spätestens mit der Studie des Massachusetts Institute of Technology zu Beginn der siebziger Jahre wie bei zahlreichen anderen Erzeugnissen auch nach der Effizienz des Ressourcen-Einsatzes gefragt. (Diese Studie sorgt übrigens noch heute in wissenschaftlichen Kreisen für Diskussionen. Die einen halten ihre Prognosen für einen fundamentalen Irrtum, die anderen versuchen Umweltstrategien nach wie vor nach den Leitlinien der Studie zu entwickeln.)

Weit dramatischer allerdings erweist sich das andere Ende des Lebenszyklus von Verpackungen. Die politischen Kräfte in den Industriestaaten ließen über Jahrzehnte die Abfallberge der Konsumgesellschaft weitgehend außer acht, bis sie zu einem unübersehbaren, in dicht besiedelten Ländern kaum mehr zu bewältigenden Problem anwuchsen. Die Verpackungen der Konsumgüter machen einen nicht unbeträchtlichen Anteil dieser Müllberge aus. Die Tatsache, daß sie europaweit zehn bis 15 Prozent des Gesamtmülls stellen, erklärt aber noch keineswegs, warum sie so sehr im Mittelpunkt der Attacken stehen. Eine Erklärung liefert die Tatsache, daß jedes Individuum, sobald es konsumiert — also in der Regel mehrmals täglich —, aus Verpackung Abfall macht. Unabhängig von der Menge ist damit die Tatsache des „Wegwerfens" im Bewußtsein verankert, wird die Verpackung zu einem Synonym für das Problem Müll. Es wird daher wenig verwundern, wenn politische Maßnahmen gegen den anfallenden Müll eben bei diesem Synonym ansetzen. Freilich bleibt es auch oder gerade wegen eines zusehends emotionalisierten Klimas sinnvoll, die Fakten im Auge zu behalten.

Müll und Fakten

Daten zur Müllsituation sind einigermaßen problematisch. Sämtliche Erhebungsverfahren sind auf Hochrechnungen und Schätzungen angewiesen. Wiegen und messen lassen sich die entstehenden Müllmengen jedoch nicht. Die Erhebungsmethoden erweisen sich als außerordentlich schwierig und langwierig. Die wissenschaftlich weitgehend abgesicherten Daten bieten sich daher eher als Maßstab für das Verhältnis der einzelnen Abfallverursacher zueinander, denn als aktuelle Müllmengenberechnung an.

Gewicht und Volumen

Vorweg ist es notwendig, die unterschiedlichen und damit verwirrenden Beurteilungskriterien für die Müllmengen zu durchleuchten. Wesentlich ist einmal die Unterscheidung nach Müllqualitäten. Zum einen unterscheidet man Hausmüll von Gewerbe- und Industriemüll, auf der anderen Seite wird eine Trennlinie zwischen ökologisch weitgehend unbedenklichem Müll und die Umwelt extrem belastendem Sondermüll gezogen. Letzterer muß auch nach strengen Umweltauflagen behandelt und entsorgt werden und ist behördlich melde- und genehmigungspflichtig. Der Verpackungsabfall zählt zum Hausmüll.

Eine für die allgemeine Mülldiskussion sehr verfängliche Unterscheidung ist die von Müllgewicht und Müllvolumen.

Der Gewichtsfaktor hat einen Vorteil: Er ändert sich nicht, bleibt vom Mülleimer in der Küche bis zur Mülldeponie immer gleich. Er sagt aber nichts über den beanspruchten Deponieraum aus. Relevant wird das Gewicht erst wieder für das Recycling. Dort ist man einsichtigerweise an der Rückgewinnung von Altstofftonnagen interessiert. Relevant ist das Müllgewicht aber auch für die Umweltbelastung. Denn meist ist entscheidend, welche Mengen von umweltbelastenden Materialien deponiert werden.

Das Müllvolumen ist von ganz anderer Wertigkeit. Es verändert sich mit jeder Entsorgungsstufe. Der Abfall wird im Müllwagen erstmals zerdrückt und zerkleinert und dann auf der Deponie weiter zusammengepreßt. Das sogenannte Hausmüllsammelvolumen hat mit dem Deponievolumen daher nichts mehr zu tun. Es ist gerade dafür relevant, wie viele Mülltonnen ein Verbraucher benötigt und wieviel er dafür an seine Gemeinde bezahlt. Tatsächlich ist das Hausmüllsammelvolumen in Österreich mit knapp 5 Millionen Kubikmeter auch mehr als doppelt so groß wie das Hausmüll-Deponievolumen, das bei rund 2,5 Millionen Kubikmeter liegt. Ähnliche Relationen gibt es in der Bundesrepublik Deutschland. Der für die öffentliche Diskussion der Abfallproblematik entscheidende Faktor ist aber logischerweise der Deponieraum, den der Müll letztlich beansprucht.

Keinen Zweifel gibt es nun über die Tatsache, daß die Müllmengen in den vergangenen Jahren regelmäßig gestiegen sind. Um noch einmal auf die (für den Deponieraum irrelevanten, für diese Illustration aber doch klärenden) Gewichtsdaten zurückzugreifen: 1972 gab es in Österreich ein Pro-Kopf-Müllaufkommen von 179 Kilogramm. 1983 lag es bei 216 Kilogramm. Das entspricht einer durchschnittlichen Erhöhung von 1,7 Prozent pro Jahr. Die Industrieproduktion ist in diesem Zeitraum um durchschnittlich 2,8 Prozent gestiegen. Als sich das Wirtschaftswachstum Mitte der achtziger Jahre beschleunigte, wuchs das Müllaufkommen nahezu proportional mit. 1987 entstanden pro Österreicher 240 Kilogramm Abfall, die Wachstumsrate stieg auf rund 2,5 Prozent pro Jahr. Offensichtlich ist die anfallende Müllmenge an die gesamtwirtschaftliche Entwicklung gekoppelt. Diese Entwicklung war und ist auf Basis dieser Daten absolut absehbar. Wenn in der öffentlichen Diskussion also von einer Müllexplosion gesprochen wird, so sind hier keinerlei unerwartete, sondern höchst absehbare Dinge auf den Plan getreten.

Doch weiter mit dem Datenmaterial: Der gewichtsmäßige Verpackungsanteil am Hausmüll verlief in dieser Zeit rückläufig. 1973 machte er noch 32 Prozent aus und sank bis 1983 auf 28 Prozent, bis 1987 um einen weiteren Prozentpunkt. Wie schon die Relation zwischen Brutto-Nationalprodukt und Verpackungsproduktion demonstrierte, geht auch das Wachstum der Verpackungswirtschaft Hand in Hand mit dem gesamten Wirtschaftswachstum. Die — relativ betrachtet — leicht rückläufige Tendenz ist Ausdruck der Rationalisierungsleistung der Verpackungshersteller. In ihr schlägt sich der Rationalisierungsdruck nieder, den die Wirtschaft den Verpackungsherstellern abverlangt. Freilich ist auch hier der Verweis auf die Unterschiede zwischen (dem für den Produktwert aussagekräftigen) Verpackungsgewicht und -volumen notwendig. Auf der Mülldeponie schlägt eine Verringerung des Produktgewichts nicht unbedingt als Volumsreduzierung zu Buche.

Erst vor diesem Informationshintergrund erhalten die den gesamten Müll betreffenden Werte einen Sinn: In Österreich sind es jährlich rund 8,7 Millionen Tonnen Abfall, die 8,75 Millionen Kubikmeter Deponieraum beanspruchen. Knapp 2,5 Millionen Kubikmeter oder etwas weniger als 30 Prozent davon entfallen auf den Hausmüll. Die Verpackungen machen rund die Hälfte dieses Hausmüllvolumens aus. Dasselbe Verhältnis gilt für die Bundesrepublik Deutschland, wo jährlich 32 Millionen Tonnen Hausmüll entsorgt werden müssen. Dort wurden am Ende der achtziger Jahre allerdings schon rund 30 Prozent der Siedlungsabfälle in 47 Müllverbrennungsanlagen verbrannt. Der Deponierungsanteil ist in Deutschland also deutlich geringer als in Österreich.

Die Müllmengen sämtlicher industrialisierter Länder sind nicht unerwartet explodiert, sondern in völlig absehbaren Dimensionen gewachsen. Das Fehlen weitblickender Abfallentsorgungs- und Bearbeitungskonzepte schafft nun politischen Druck, der sich insbesondere gegen die Verpackung entlädt.

Verpackungssysteme und ihre Folgen für die Umwelt

Wenn also rund die Hälfte des Hausmüllbergs aus Verpackung besteht, so müßte es möglich sein, im Wege der Verpackungssystem-Gestaltung für eine Abfallreduzierung zu sorgen.

Dominierendes Einwegsystem

Der Begriff „Einweg“ steht für die einmalige Nutzung einer Sache, eines Guts, einer Verpakkung. Als integrierender Bestandteil eines Produkts teilt die Verpackung vom Abfüllprozeß an seinen Lebenszyklus. Ist das Produkt verbraucht, ist die Funktion der Verpackung zu Ende. Sie wird entsorgt. Dafür bieten sich die Mülldeponierung ebenso an wie die Verwertung in Recyclingsystemen oder auch die energetische Verwertung in der Müllverbrennung.

Das Wesen der Einwegverpackung zielt darauf ab, sämtliche Begleitschritte der Verpackung zum Produkt möglichst unaufwendig und kostengünstig zu halten. Je niedriger die Verpackungskosten, desto mehr profitieren die abfüllenden Unternehmen, der Handel und die Konsumenten. Die Einwegverpackung zeichnet sich freilich auch durch eine Reihe qualitativer Vorteile aus. Zum einen garantiert sie eben durch die einmalige Verwendung eine optimale Hygiene und die Einhaltung der lebensmittelrechtlichen Vorschriften. Aber auch die ökologischen Aspekte sind nicht außer acht zu lassen. Sämtliche Umweltbelastungsfaktoren, die beim Reinigungsprozeß von Mehrwegverpackungen auftreten, fallen weg. Und auch der Energieaufwand während des Lebenszyklus ist geringer. Zum einen, weil eine Rückholung nicht notwendig, zum anderen, weil das Verpackungsgewicht in der Regel geringer als bei Mehrwegverpackungen ist.

Die Entsorgung der Verpackungen übernimmt im Fall der Deponierung oder der Müllverbrennung die öffentliche Hand im Sinn einer Dienstleistung. Jeder Müllverursacher, ob nun Unternehmen oder Haushalt, zahlt dafür Abfallgebühren an seine Gemeinde.

Die Einwegverpackung ist die absolut dominierende Verpackungsform für Konsumgüter.

Mehrweg als Ausweg?

Mehrwegverpackungen werden in den Lösungsansätzen für die Abfallproblematik als der Ausweg schlechthin gehandelt. Sie entsprechen einem Kreislaufmodell, aus dem im Optimalfall alles einmal Eingebrachte nicht mehr herauskommt, weil man versucht, es immer wieder zu verwenden. Grundsätzlich gibt es funktionierende Mehrwegsysteme in sämtlichen Verpackungsmaterialien. Kartonsammelpackungen, Kunststoff-, Metall- und Holzfässer und -paletten sowie große Transportsäkke aus Textil finden allerdings ausschließlich im logistischen Prozeß zwischen Industrie und Handel ihren Einsatz. Sieht man einmal von Tragetaschen aus Papier, Plastik oder Jute ab, so beschränkt sich die Anwendung von Mehrwegverpackungen auf der Verbraucherebene allerdings nur auf die Abfüllung von Getränken in Glasflaschen. Sämtliche Untersuchungen auf abfall- und umweltspezifische Aspekte von Ein- und Mehrwegsystemen beziehen sich daher auf diese Produktsparte. Dadurch entsteht auch der Eindruck, als ob der Bereich „Verpackung flüssiger Nahrungsmittel“ ganz besonders für die Abfallprobleme verantwortlich wäre. Tatsächlich ist es nur die am häufigsten untersuchte Abfallsparte. Konkret machen alle Getränkeverpackungen ungefähr 6 Volumsprozent des Hausmülls aus.

Die Vorteile der Mehrwegverpackung liegen auf der Hand. Sie läßt sich mehrmals verwenden. Aus abfallwirtschaftlicher Sicht sorgt sie dafür, daß sie im Gegensatz zur Einwegverpackung nach dem Konsum der verpackten Erzeugnisse nicht entsorgt werden muß, sondern dem Wirtschaftsprozeß erhalten bleibt. In wirtschaftlicher Hinsicht erspart sich der Verwender von Mehrwegverpackungen weitgehend die Anschaffung neuer Verpackungen, muß dafür allerdings die Kosten der Rückführung und der Reinigung der leeren Gebinde kalkulieren. Je unaufwendiger daher die Rückführung und Reinigung ausfallen und je öfter die Verpackung wieder verwendet werden kann, desto wirtschaftlicher wird die Verwendung des Mehrwegsystems ausfallen. Das Mehrwegsystem muß freilich auch bei den Kostenfaktoren Produktion, Abfüllung, Auslieferung usw. mit den Einwegsystemen konkurrenzfähig bleiben.

Aus abfallwirtschaftlicher Sicht reduziert die Mehrwegverpackung mit jedem zusätzlichen Umlauf, den sie erzielt, den Müll oder besser gesagt den Entsorgungsbedarf. Zu Abfall wird die Mehrwegverpackung dann, wenn sie nicht mehr funktionsfähig ist und von den Verpackungseigenschaften her ausgedient hat. Das im Konsumgüterbereich noch einzige Mehrwegverpackungsmaterial Glas schafft bei Bier- und bei Mineralwasserflaschen rund 50 Umläufe, bei anderen Produkten, etwa Milch, wesentlich weniger (siehe „Fallbeispiel Milchflasche"). Danach erst ist eine Entsorgung, sei es nun auf der Mülldeponie oder durch Wiederverwertung, nötig. Als Mittelding zwischen Ein- und Mehrwegpakkungen hat sich schließlich das Konzept der Nachfüllpackungen entwickelt. Der Mehrweg-Gedanke wird dabei zum Konsumenten vorverlagert, der die Verpackung eines gekauften Produkts seinerseits wiederverwendet. Das kann zum ursprünglichen Zweck sein — man denke etwa an die Nachfüllpakkungen bei Weichspülern — oder auch auf neue Verwendungszwecke ausgerichtet sein, etwa wenn ein geleertes Senfglas als Trinkglas weiterdient.

Kreislaufalternative Recycling

Recycling — so steht es etwas steif im Lexikon zu lesen — ist die kontinuierliche Rückgewinnung und Wiedereinführung von nicht verbrauchten Ausgangsstoffen in den Produktionskreislauf sowie die vollständige Aufarbeitung anfallender Produktionsrückstände, die einen noch verwertbaren Anteil an Roh- und Wertstoffen enthalten.

Recycling entspricht also wie die Mehrwegverpackung dem Kreislaufgedanken. Die Wiederverwertung besteht allerdings nicht in der mehrmaligen Verwendung von Erzeugnissen. Der Altstoff wird zur Rückgewinnung der in ihm enthaltenen Rohstoffe verwendet.

Freilich ist Recycling nur ein und nicht zwingend der beste Weg, einen Beitrag zur Umweltentlastung zu liefern. Durch Recycling werden Rohstoff und Energie im Erzeugungsbereich eingespart. Der Wiederverwertungsprozeß selbst verbraucht aber ebenfalls Energie und Rohstoffe. In gewissen Fällen kann daher eine 100prozentige Abfallverwertungsquote einen höheren Einsatz von Ressourcen notwendig machen als bei der Erzeugung des betroffenen Materials aus Primärrohstoffen. Nach diesen Gesichtspunkten wird daher für Recycling eine Mischung aus Primärroh- und Altstoffen sinnvoll sein. Und auch bei Abfallverwertungsquoten von (wie in der Realität üblich) deutlich weniger als

100 Prozent bleiben dann doch eine wesentliche Verminderung des Ressourceneinsatzes und ein deutlicher Entlastungseffekt für die Mülldeponierung.

Um nun Altstoffe aus Sekundärrohstoffen für die Verpackungsproduktion einzusetzen, fällt eine Reihe technischer und wirtschaftlicher Erfordernisse an. Eine der sicherlich heikelsten Anforderungen ist der Bedarf an ausreichendem Vorkommen. Das ist schon deshalb notwendig, um den Altstoff getrennt von anderen Abfällen erfassen zu können. Außerdem macht erst die Menge eine Kostenstruktur möglich, die in der Lage ist, das Recycling auf ökonomische Beine zu stellen.

Eine zweite Vorgabe für die Wiederverwertung ist die Integrationsfähigkeit des Altstoffs in den Produktionsprozeß des Recyclingprodukts. Die Altstoffe müssen bei der Erfassung entsprechend ihrer Eigenschaften klassifizierbar sein. Die Reinheit beziehungsweise die geringstmögliche Verschmutzung des Altstoffs ist ein wesentlicher Faktor für eine erfolgreiche Altstoffverwertung. Zu diesen technischen Voraussetzungen kommt noch eine ökonomische Prämisse: Die Wirtschaftlichkeit jeder Recyclingvariante ist nicht nur eine entscheidende Voraussetzung für ihr Funktionieren, sondern auch für den von ihr zu erzielenden Wirkungsgrad.

Traditionsreiche Altpapiersammlung

Das traditionsreichste Recycling betreibt die Papierindustrie. Sie beschränkt sich freilich keineswegs auf den Verpackungssektor. Die eine Hälfte des gesammelten Altstoffs stellen die Zeitungen, die andere Verpackungen. Seit rund 50 Jahren wird bereits Papier gesammelt und wiederverwertet. Bei den modernen Recyclingverfahren kann man mit einer Tonne Altpapier immerhin 5 Raummeter Holz ersetzen. Sowohl in der Bundesrepublik Deutschland als auch in Österreich haben Verpakkungen aus Papier, Karton und Wellpappe einen durchschnittlichen Altstoffanteil von 80 Prozent. Sie liefern damit einen wesentlichen Beitrag zur Altpapiersammlung und -verwertung. Der Bedarf an Altpapier ist in Österreich allerdings so groß, daß das gesammelte Altpapier nur die Hälfte des Verarbeitungspotentials abdeckt, also noch einmal soviel importiert werden muß.

Nach wie vor sind aber nicht alle Möglichkeiten ausgeschöpft. Papier, Karton und Pappe stellen mit einem Gewichtsanteil von 30 Prozent (für Recyclingerfolge ist das Gewicht und nicht das Volumen relevant) die im Hausmüll am stärksten vertretene Stoffgruppe. Und dabei entfällt wiederum auf die Verpackungen aus diesen Materialien ein großer Anteil. Hat sich das Sammeln von Zeitungen schon etabliert, so ist das Bewußtsein über die Recyclierbarkeit anderer Papierstoffe noch nicht so verankert.

Sehr wohl trifft das allerdings für die papierverarbeitende Verpackungsindustrie selbst zu. Sie sorgt dafür, daß 98 Prozent ihrer eigenen Produktionsabfälle verwertet werden. Insgesamt ist also diese Packstoffgruppe in einem außerordentlich hohen Maß in den Rohstoffkreislauf eingebunden.

Wiegt man die bei der Papierproduktion aus Primärstoffen und die bei der Altpapierverarbeitung auftretenden Umweltbelastungen gegeneinander ab, so verläuft der Ersatz der Primär- durch die Altfaser weitgehend umweltneutral. Probleme schafft das Altpapier im technischen Sinn, da mit jedem Verwendungszyklus die Länge der aus dem Altpapier gewonnen Fasern ab- und die Zahl unerwünschter Begleitstoffe zunimmt. Auch die Wirtschaftlichkeit ist nicht ganz einfach zu erzielen. Immerhin gehen heute mehr als 20 Prozent der weltweiten Holznutzung in die Papiererzeugung. Die Marktpreise von Holz setzen das Altpapier daher gehörig unter Druck.

Der Wald selbst muß durch das Fällen der für die Papierindustrie notwendigen Holzmengen keinesfalls in Gefahr kommen. In den europäischen Ländern mit Papierindustrie gibt es praktisch durchwegs strenge Auflagen zur Wiederaufforstung. Die Wälder werden — schon aus dem Interesse, daß der Holzbedarf nicht eines Tages zu Ende geht — bewirtschaftet. Mit der Papierindustrie wird dadurch indirekt auch die Finanzierung der Waldpflege ermöglicht.

Wenn auch das Roden von Wäldern in Afrika und Südamerika praktisch nichts mit der Papierindustrie zu tun hat, so kommt diese letztlich doch vor allem durch die Aktivitäten der Industrienation Japan unter Verruf. Ihre Papierindustrie legt bei ihrer Holzbeschaffung etwa in Papua-Neuguinea keineswegs ein Waldpflegebewußtsein zutage. Während die Bäume in Japan selbst als heilig gelten, wird der Regenwald auf der Pazifikinsel nicht im geringsten geschont. Zehntausende Hektar Wald wurden und werden dort jährlich abgeholzt, ohne bisher eine Wiederaufforstung zu betreiben.

Schrittmacher für Glasrecycling

Im Gegensatz zur Papiersammlung ist die Glassammlung ausschließlich auf Verpackungsmaterial ausgerichtet. Die österreichische Glasindustrie hat sich — wie schon im historischen Abriß erwähnt — als eine Art Schrittmacher für die Altglassammlung in Europa profilieren können. Bei der Organisation eines flächendeckenden Sammelsystems sorgte man 1974 erstmals auf dem Kontinent für eine nach Farben getrennte Altglassammlung. Innerhalb der vergangenen 15 Jahre konnte man ständig neue Sammelrekorde feiern. 1989 übersprang die Sammelquote erstmals 50 Prozent der jährlichen Produktionsmenge von Einwegverpackungsglas. Damit zählen die Österreicher zu den fleißigsten europäischen Glassammlern. Freilich unterstreicht dieser Wert auch die Kehrseite der Medaille: Nach wie vor landet fast die Hälfte der Einwegglasverpackungen im Müll.

Technisch ergibt sich für die Verwertung von Altglas insofern eine gute Ausgangsposition, als sich die Beimengung eines gewissen Scherbenanteils schon in den Anfangszeiten der Glasindustrie als technischer Vorteil für die Produktion erwiesen hat. Heute ist immerhin eine durchschnittliche Verwertungsquote von 87 bis 94 Prozent des rückgelieferten Altglases möglich. Die Wirtschaftlichkeit ergibt sich zum einen aus den Einsparungen an Rohstoff und Energie. Bereits mit 1 Prozent Altglaszusatz lassen sich 17,5 Kilowattstunden je Tonne Glas einsparen.

Andererseits hat es die Glasindustrie hervorragend verstanden, den Recyclinggedanken in ihre Marketingkonzepte zu integrieren. Wie Umfragen beweisen, erzielt Glas als Verpackungsmaterial nicht zuletzt deshalb beim Konsumenten die mit Abstand besten Imagewerte.

Kunststoffwiederverwertung in den Kinderschuhen

Im Gegensatz zu Glas oder Papier kann die Kunststoffindustrie nur auf wenig Recyclingtradition zurückgreifen. Der weitaus größte Teil der Kunststoffe wird aus Erdöl erzeugt. Dabei benötigt man für die gesamte Kunststoffproduktion weltweit knapp 4 Prozent der jährlich geförderten Erdölmengen. Aus Sicht der Ressourcen ist ein Kunststoffrecycling daher derzeit nicht sonderlich wirtschaftlich. Die hervorragenden Materialeigenschaften sorgten allerdings für ein schnelles Wachstum der Kunststofferzeugung. Damit rückten die Produkte ins Zentrum abfallwirtschaftlicher Überlegungen. Der Kunststoffanteil im Hausmüll beträgt inzwischen an die 7 Prozent. Auf Basis dieser Menge bemüht sich die Kunststoffindustrie, mit einigem Aufwand ein wirtschaftliches Recycling auf die Beine zu stellen. Die Probleme sind allerdings nicht nur wirtschaftlicher, sondern auch technologischer Natur: Damit ist nicht die Wiederverwertung selbst gemeint — sämtliche Kunststoffhersteller verwerten die eigenen Produktionsabfälle fast zu 100 Prozent. Die Schwierigkeiten entstehen durch die Verschmutzung, vor allem aber durch die Vermischung der verschiedenen Kunststoffe im Abfall. Immerhin hat der österreichisch-deutsche Greiner-Konzern erstmals eine Technologie entwickelt, mit der sich aus den verschiedenen alten ein neuer Kunststoff herstellen läßt. Diese Technologie erlaubt etwa die Herstellung von Kunststoffrohren oder Blumentöpfen.

Im großen Umfang erscheint Kunststoffrecycling allerdings nur lebensfähig, wenn es gelingt, sortenreine Sammlungen durchzuführen. Auch dazu gibt es zahlreiche Überlegungen der kunststofferzeugenden Industrie. Die deutsche Hoechst etwa hat als einer der großen europäischen PVC-Erzeuger eine Sammel- und Zerkleinerungsanlage für PVC-Verpackungen entwickelt, die im Supermarkt installiert werden kann. Der Solvay-Konzern, ebenfalls einer der weltgrößten PVC-Produzenten, hat der Öffentlichkeit ein PVC-Recyclingkonzept präsentiert.

Ein Kapitel für sich ist an dieser Stelle die sogenannte PET-Flasche. Polyäthylen ist ein für zahlreiche Verpackungszwecke hervorragend geeigneter Kunststoff. Als Einweg-Getränkeverpackung — in diesem Fall als Polyäthylenterephtalat (eben PET, übrigens ein reines Erdölprodukt, das nicht mit dem auf Salzchemie basierenden PVC verwechselt werden darf), hat es allerdings einen so blitzartigen Siegeszug angetreten, daß es zu einem der meistkritisierten Feindbilder in der Mülldiskussion wurde.

In Deutschland war man auf Grund gesetzlicher Maßnahmen gegen die PET-Flaschen mehr oder weniger gezwungen, die Einweg-Konzeption der Flasche aufzugeben. In der Folge gelang es jedoch, eine Mehrweg-PET-Flasche auf den Markt zu bringen, die wenige Monate später auch in Österreich erhältlich war.

Insgesamt steht die Recyclingära des Kunststoffs trotz der von der Industrie gesetzten Initativen nach wie vor ganz am Anfang. Die verwerteten Tonnagen stehen noch in keiner Relation zur Primärerzeugung.

Aluminium und die Energie

Wenn es nur um die Schonung des Rohstoffs ginge, so wäre das Recycling von Aluminium mehr oder weniger sinnlos. Schließlich ist Aluminium in seiner ursprünglichen Form als Bauxit nach Sauerstoff und Silizium das dritthäufigste Element in der Erdkruste, zu deren Zusammensetzung es immerhin 8 Prozent beiträgt. So gesehen ist es praktisch unerschöpflich. Allerdings benötigt man zu seiner Gewinnung in der Hüttenaluminium-Erzeugung enorme Energiemengen. Gerade dieser Energieaufwand läßt sich durch Umschmelzen von Alt-Aluminium um 95 Prozent senken. In Österreich erweist sich der Haushaltsmüll allerdings nur als unzureichende Aluminium-Altstoffquelle. Tatsächlich ist der Anteil von Aluminiumverpackungen in Ländern mit großem Recyclingvolumen deutlich größer. Während in Kanada, den USA und Schweden, zum Teil auf der Basis von Pfandsystemen, 50 bis 90 Prozent der Getränkedosen aus Aluminium gesammelt werden, lag die Rückholquote in Österreich Ende der achtziger Jahre nur bei etwas mehr als 10 Prozent.

Unternehmen der Aluminiumindustrie versuchen diese Rate möglichst schnell zu steigern. Eine Firma zeigte sich Ende 1989 noch optimistisch, innerhalb eines Jahres auf eine Sammelquote von 60 Prozent zu kommen. Sie hatte ein Gerät auf den

Markt gebracht, bei dem die Dosensammlung mit einem Gewinnspiel verknüpft wurde. Insbesondere Kinder entwickelten dafür eine große Spiel- und Sammelleidenschaft. Dagegen bildete sich jedoch starker politischer Widerstand. Neben einem moralischen Aspekt, nämlich Kinder an diesem dem „Einarmigen Banditen“ ähnlichen Gerät zum Glücksspiel zu verführen, wurde zudem das Argument ins Feld geführt, daß diese Geräte den zusätzlichen Verkauf von Alu-Dosen forcieren würden.

Magnetisches Weißblech

Obwohl Aluminium starke Wachstumsraten aufweist, besteht in einigen europäischen Ländern, insbesondere in Österreich, ein nicht unbeträchtlicher Teil der Getränkedosen, aber auch noch eine Reihe von Konservenverpackungen aus Weißblech. Das Material hat den Vorteil, daß es durch den Einsatz von Magneten sehr leicht aus dem übrigen Müll abgeschieden werden kann. Trotzdem ist das Recycling mit einigen Problemen verbunden. Zum einen ist Weißblech weitgehend nur als minderwertiges Schnittmaterial zu verwenden. Zum anderen wird gerade auf dieser Basis die Rentabilität in Frage gestellt. Die erzielbaren Preise auf dem Weltmarkt und die Sammel- und Verarbeitungskosten stehen derzeit in keinem wirtschaftlichen Verhältnis. Diverse metallverarbeitende Firmen haben aber insofern Verwertungsmöglicheiten gefunden, als sie sich auf die Sammlung und Verarbeitung ganz bestimmter Bleche spezialisiert haben. Mit echter Marktnischenpolitik gelingt es sehr wohl, wirtschaftlich erfolgreich zu sein.

Umstrittene Müllverbrennung

Aus abfallwirtschaftlicher Sicht bietet sich neben der Verwirklichung von Kreisläufen eine weitere Möglichkeit im Kampf gegen den Müll an: die Verbrennung oder — anders ausgedrückt — die energetische Verwertung in modernen Müllverbrennungsanlagen. Gerade die aus Erdöl erzeugten Kunststoffe, aber auch auf Papierbasis erzeugte Verpackungen würden sich für die Verbrennung eignen, da sie im Verbrennungsprozeß weitgehend in ökologisch unbedenkliche Substanzen zerfallen.

Das gilt freilich keineswegs für alle Stoffe, die in eine Müllverbrennungsanlage gelangen. Hinzu kommt der bei sämtlichen Verbrennungsprozessen anfallende CO_2-Ausstoß, der insbesondere für den sogenannten Treibhauseffekt eine wahrscheinlich hauptverantwortliche Rolle spielt. Solche Faktoren sorgen dafür, daß die Errichtung von Müllverbrennungsanlagen aus gesamtökologischer Sicht umstritten ist. In der Bundesrepublik Deutschland etwa hat man sich für einen massiven Ausbau von Müllverbrennungsanlagen entschieden. In Österreich setzt sich vorerst eine politische Stimmung gegen den weiteren Ausbau der Müllverbrennung durch. Mittelfristig stehen nur zwei moderne Müllverbrennungsanlagen in Wien zur Verfügung. In ihnen werden rund 16 Prozent des in Österreich anfallenden Hausmülls verbrannt.

Voraussetzungen für einen Systemvergleich

Die technischen Möglichkeiten, den Anteil der Verpackung im Müll zu reduzieren, finden in den politischen Rahmenbedingungen zur Abfallwirtschaft einen nachdrücklichen Niederschlag. Zu Beginn der neunziger Jahre präsentieren sich diese Rahmenbedingungen in Deutschland, der Schweiz und in Österreich etwa nach folgender Abstufung: Mehrweg ist besser als Einweg und Recycling; Recycling ist besser als Deponierung oder Verbrennung. Dieses Präferenzschema zeichnet sich auch in den jeweiligen gesetzlichen Maßnahmen zur Müllreduzierung ab.

Nun erweist sich das Aufstellen so klarer und auf den ersten Blick sehr einsichtiger Regeln aus einem ganz bestimmten Grund als nicht unproblematisch. Denn abfallwirtschaftlich relevante Maßnahmen sind keineswegs zwangsläufig ökologisch vorteilhafte Maßnahmen. Ansonsten hätte man schließlich mit der Müllverbrennungsanlage längst die Lösung aller Probleme gefunden. Aber gerade bei den Müllverbrennungsanlagen stoßen nicht nur ideologische, sondern auch wissenschaftliche gegensätzliche Auffassungen aufeinander. Seriöse Umweltpolitik wird umweltrelevante Prozesse einsichtigerweise nicht nur auf den einen Umweltbelastungsfaktor Abfall, sondern auf sämtliche anfallende Umweltbelastungen hin unter die Lupe nehmen. Und eine solche Vorgangsweise sollte eigentlich auch für die Problemstellung von Verpackung und Abfall selbstverständlich sein.

Die Umweltbelastungen von Einwegverpackungen lassen sich relativ einfach quantifizieren. Sie ergeben sich aus der Art und der Menge der eingesetzten Packmittel, den Auswirkungen des Produktions- und Verteilungsprozesses sowie der Entsorgung. Fehlen Recyclingsysteme, so liegt die Abfallrelevanz der Einwegverpackungen offensichtlich bei 100 Prozent. Von der Produktionsstufe bis zur Mülldeponierung, der Verbrennung oder dem Recycling fallen die Belastungen pro Verpackung exakt einmal an.

Die Umweltauswirkungen des Mehrwegsystems zerfallen hingegen in zwei Bereiche. Auf der einen Seite gibt es von den Umlaufzahlen unabhängige Belastungen. Dazu zählen die Gebinderückführung, -reinigung, -abfüllung usw. Sie entstehen mit jedem Rückführungs- und wiederholten Verpackungsprozeß von neuem. (Für die Berechnung der Gesamtbelastung des Verpackungssystems ist jedoch ihre Relation zu den Umläufen relevant. Und die Umweltbelastung etwa durch einen Abfüllprozeß bleibt — eben unabhängig von der erzielten Umlaufzahl — immer gleich groß.)

Die von den Umlaufzahlen abhängigen Belastungen hingegen sind der große Trumpf der Mehrwegsysteme. Sie fallen nur einmal an. Je höher nun die erzielte Umlaufzahl der Verpackung ist, desto geringer schlagen sich diese umlaufzahlabhängigen Belastungen für den einzelnen Kreislauf zu Buche. Das betrifft vor allem den Herstellungsprozeß der Verpackung, den Packmitteltransport usw.

Logischerweise folgt daraus, daß ein Vergleich der Umweltbelastungen von Ein- und Mehrwegsystemen nur unter Berücksichtigung der Zirkulationshäufigkeit letzterer sinnvoll wird. Die Ermittlung der Umlaufzahlen ist daher eine wesentliche Voraussetzung für einen Systemvergleich.

Die Umlaufzahl als Gradmesser

Ganz konkret entscheidet nämlich die Umlaufzahl darüber, ob ein Mehrwegsystem, egal ob nun aus ökologischem oder aus ökonomischem Blickwinkel, „besser" oder „schlechter" als ein Einwegsystem ist. Der „normale" Menschenverstand sträubt sich zunächst gegen diese Relativierung. Es liege doch auf der Hand, daß ein Erzeugnis, das man mehr als einmal verwenden kann, ein ähnliches, das die Leistung nur einmal erbringt, aussticht.

Bei näherer Betrachtung wird man bemerken, daß diese Generalisierung der Realität nicht im geringsten entspricht. Es geht nicht um eine Einwegverpackung gegen eine Mehrwegverpackung. Entscheidend sind die ganz spezifischen Eigenschaften, die über Vor- und Nachteile bei der Verpackung ganz bestimmter Produkte entscheiden. Ein Beispiel zur Abfallrelevanz: Eine fiktive Mehrwegverpackung wiegt 1 Kilogramm und ist zehn Umläufe lang zu verwenden. Danach wird sie zu Abfall. Wenn es gelingt, eine Einwegverpackung zu finden, die 10 Dekagramm wiegt, um dasselbe fiktive Produkt abzufüllen, so steht man nach zehn verpackten Portionen exakt vor demselben Abfallgewicht wie bei der Mehrweglösung.

Vergleicht man die Systeme aus abfallwirtschaftlicher Sicht, so darf man zudem auch das Müllaufkommen beim Produktionsprozeß nicht außer acht lassen, der wiederum nicht unbedingt das Mehrwegprodukt als abfallfreundlicher aussehen lassen muß als die Einwegvariante.

Nun läßt sich freilich eine ganze Heerschar derartiger relativer Faktoren — zugunsten welcher Variante sie auch immer ausfallen mögen — finden, die die ökologischen und ökonomischen Qualitäten der Verpackungen prägen. Der Vorteil von Mehrwegsystemen wird immer genau dann entstehen, wenn die umlaufzahlabhängigen Faktoren (Gebindeproduktion, Packmitteltransport etc., also Faktoren, die nur einmal anfallen und sich damit in Relation zur Umlaufzahl reduzieren) einen solchen ökologischen Nutzen garantieren, daß sie zum einen die umlaufzahlabhängigen Belastungen des Mehrwegsystems selbst (also Rückholung, Reinigung, Abfüllung, Verschluß usw., also Faktoren, die mit jedem Umlauf anfallen) und die Belastungen der mit ihnen konkret vergleichbaren Einwegsysteme übertreffen.

Der über die Dimension der Umweltbelastung entscheidende Faktor der Umlaufzahl ist allerdings mit einem ganz gravierenden Haken versehen. Es ist nämlich nicht möglich, die tatsächlichen Umlaufzahlen von Mehrwegverpackungen exakt zu ermitteln. Man denke nur, welche Wege eine Euro-Norm-Bierflasche zurücklegt. Allein die Chance, daß sie auch nur einmal zur selben Abfüllanlage zurückkehrt, ist sehr gering. Eine empirische Nachvollziehung des Lebenswegs der Flasche ist also kaum zu verwirklichen. Eine Meßbarkeit wird nur dann möglich, wenn man von der Form her erkenntliche Flaschen verfolgt, die mit Sicherheit nur an einer bestimmten Stelle abgefüllt werden. Der repräsentative Charakter für andere Mehrwegsysteme ist deswegen allerdings noch lange nicht gegeben. Also behilft sich die Wissenschaft wie schon bei der Müllerhebung mit komplizierten Hochrechnungen und Schätzungen, die letztlich zu akzeptablen, aber eben zu umstrittenen Näherungswerten führen.

Konkret kann die Angabe „15 bis 20 Umläufe" dann allerdings bedeuten: Die Mehrwegverpackung ist ökologisch sinnvoller als eine Einwegverpakkung. Sie kann aber ebensogut für das Gegenteil stehen. Eine nicht unwesentliche Aufgabe der Wissenschaft zum Thema Verpackung wird also darin bestehen, die Erhebungsmethoden der Umlaufzahlen auf einen möglichst exakten, vor allem aber auf einen gemeinsamen Nenner zu bringen. Allerdings droht mit Perfektionierungsversuchen auch eine gewisse Sackgasse. Die Umläufe sind von einem Verpackungstyp zum nächsten, von einem Abfüller zum nächsten unterschiedlich. Eine Untersuchung über Umweltauswirkungen der Milchabfüllung in der Molkerei Dornbirn brachte — auf rechnerischer Basis — eine Zahl von 32 Umläufen für 1-Liter-Milchflaschen zutage. Die 1/2-Liter-Flasche drehte sich hingegen nur 7- bis 8mal. Kein seriöser Wissenschaftler wird von diesen beiden Ziffern eine Umlaufzahl für eine bayerische Molkerei oder gar einen Limonadenabfüller in Köln wagen. Denn die Umlaufzahl erweist sich auch je nach abgefülltem Getränk als unterschiedlich. Zum einen sind die Gebinde verschieden stark ausgelegt. Andererseits weichen Vertriebspraktiken und Konsumgewohnheiten sehr deutlich voneinander ab. Bier- und Mineralwasserflaschen etwa sind als Behältnisse für kohlensäurehältige Getränke sehr robust ausgelegt und erzielen schon deshalb hohe Umlaufzahlen. Aber auch die Tatsache, daß sie vielfach im Kasten gekauft und zurückgebracht werden, erhöht die Lebensdauer dieser Gebinde. Zudem wirken sich auch unterschiedliche Verbrauchergewohnheiten zwischen Stadt und Land, wie etwa längere oder kürzere Stehzeiten der Leergebinde usw., auf die Umlaufzahlen der Gebinde aus.

Um einen ideologischen Streit über die Umlaufzahl zu verhindern und den Einsatz von Ein- oder Mehrwegsystemen unter ökonomischen und ökologischen Aspekten zu beurteilen, ist es ganz augenscheinlich notwendig, die Verpackungsalternativen stets im Umfeld der zu verpackenden Produkte und der zu bewältigenden Verteilung zu beurteilen. Andernfalls arten die Auseinandersetzungen um die ökologische Relevanz von Verpackungen in Scheingefechte aus.

Das Ziel der an den Kapazitätsgrenzen stehenden Abfallwirtschaft ist die Errichtung geschlossener Kreisläufe. Diese lassen sich sowohl in Form von Mehrwegsystemen als auch durch Recyclingsysteme für Einwegverpackungen verwirklichen. Aber auch die Müllverbrennung als Variante der Energie-Rückgewinnung ist nicht außer acht zu lassen. Die abfallwirtschaftliche Relevanz der verschiedenen Lösungen muß allerdings keineswegs gleich die umweltfreundlichere Variante sein.

Fallbeispiel Milchverpackung

Die Konfrontation zwischen Einweg und Mehrweg prägt mittlerweile schon jahrelang die Diskussion um abfallwirtschaftliche Maßnahmen. Das herausragendste Beispiel dafür ist wohl das gesellschaftspolitische Umfeld, in dem die Mehrweg-Milchflasche wieder eingeführt wurde und die Einweg-Verbundkartonverpackung — so der Fachbegriff des Milchpackerls — unter schärfsten Beschuß geriet.

Hier ein kurzer Abriß der Geschehnisse: Anfang der siebziger Jahre zeichnet sich in Österreich das Ende der Ära der Milchabfüllung in Mehrwegglasflaschen ab. Über einen Zeitraum von rund 15 Jahren schließt bis auf wenige kleine Molkereien die gesamte heimische Molkereiwirtschaft ihre Flaschenabfüllanlagen. Die Anfang der sechziger Jahre erstmals auf den Markt gebrachte Kartonverpackung wird zum übermächtigen Gegner, der in seiner modernen Form als Verbundkarton der Glasflasche völlig den Rang abläuft.

Trotz großer Bemühungen einzelner Molkereien wird der Weiterbetrieb von Flaschenabfüllanlagen unrentabel. Die meisten Molkereien schließen ihre Abfüllanlagen für die Mehrweggebinde und ersetzen sie durch das mit Abstand kostengünstigere Einwegsystem. Innerhalb kurzer Zeit ist die Verbundkartonverpackung, die häufig nach dem weltgrößten Erzeuger umgangssprachlich als Tetra Pak bezeichnet wird (weitere weltweite Anbieter sind der PKL-Konzern und ELO), mit wenigen Ausnahmen das einzige in Österreich verwendete Milchverpackungssystem.

Die Vorteile der Kartonverpackungen sind überzeugend: Die Molkereien ersparen sich den Manipulationsprozeß der Mehrweggebinde. Mit rund 25 Gramm entspricht das Packungsgewicht rund 4 Prozent der damals 600 Gramm schweren Milchflasche. Damit sinkt das Transportgewicht der Packmittel um 96 Prozent, das Gewicht des Milchtransports um fast die Hälfte, entsprechend lassen sich Kosten sparen. Der Kühlenergieaufwand sinkt durch das optimale Verhältnis von viel Ware zu wenig Verpackung. Die Ziegelform der Packungen garantiert eine optimale Raumnutzung. Der Rücktransport und die Reinigung der Leergebinde entfällt. Auch die gesetzlichen Hygienevorschriften lassen sich technisch mit der Einwegverpackung leichter verwirklichen als vorher. An sämtlichen Kostenstellen entstehen also ökonomische Nutzeneffekte für Molkereien und Handel.

Die Konsumenten ihrerseits erfreuen sich am niedrigen Gewicht der Milchverpackung, an der Bruchsicherheit – die besonders für Kinder von Bedeutung ist – und zu guter Letzt an der Tatsache, daß sie die Verpackungen nicht mehr zum Händler zurücktragen müssen, sondern wegwerfen können. Außerdem kam mit der Aseptic-Abfüllung eine neue Milchqualität auf den Markt – die Haltbarmilch, die eine bis dahin ungekannte Lagerzeit der Milch ermöglicht.

Das „Problem" Einweg stand bei der Einführung nicht als Abfallproblem, sondern nur als Kosten-

und Nutzenvorteil gegenüber dem Mehrwegkreislauf zur Debatte. Der Verbundkarton machte nun auch die Milch zu einem von Tausenden Einwegartikeln.

Die achtziger Jahre

Angesichts des ungeheuren Wirtschaftswachstums und der damit auftretenden, immer augenscheinlicher werdenden Umweltbelastungen sensibilisiert sich das ökologische Bewußtsein. Dabei kristallisieren sich besondere Schwerpunkte heraus: Der Hausmüll, der etwas mehr als ein Fünftel des Deponieraums beansprucht, wird repräsentativ für den Gesamtmüll diskutiert. Der Verpackungsmüll wiederum wird mit dem Hausmüll gleichgesetzt und entsprechend angegriffen.

Umgekehrt zeichnet sich gerade der Verpackungsbereich durch eine ganz konkrete Abfallproblemlösung aus: „Mehrweg statt Einweg“ wird zum repräsentativen Ausweg für Müllprobleme. Damit rücken allerdings automatisch die Getränkeverpackungen in den Mittelpunkt der Betrachtungen, der einzige Sortimentsbereich, der unter den Konsumartikeln überhaupt mit Mehrwegverpackungen aufwarten kann. Die öffentliche Diskussion konzentriert sich also weiter, und zwar auf 1,51 Prozent des gesamten österreichischen Deponievolumens. Die Verknüpfung der Begriffe Müll, Verpackungswahnsinn und Getränkeverpackung wird sukzessive zum einhelligen Tenor in der öffentlichen Auseinandersetzung über die Abfallwirtschaft.

Nun existierte für den Verbraucher zu Beginn der achtziger Jahre praktisch nur ein einziges Mehrwegverpackungsmaterial, nämlich Glas. Zugleich wurde aber auch das Gros der Einwegverpackungen für Getränke aus Glas hergestellt.

Kunststoffverpackungen für Saftkonzentrate, Essig und Öl, meist PVC-Flaschen, fielen damals nicht sonderlich ins Gewicht. Auch der Siegeszug der Dosen, der sich von den USA aus bereits abzeichnete, war noch nicht nach Österreich durchgedrungen.

Ein steiles Wachstum hatten daher nur die im Verbundkarton abgefüllten Getränke zu verzeichnen. Der Verbundkarton hatte schon die Milchwirtschaft erobert. In der Folge erfreute er sich auch als Hülle von Fruchtsäften, Nektaren und anderen sogenannten stillen Getränken wachsender Beliebtheit. Tatsächlich öffnete sich für diese Getränke in Österreich erst in Kombination mit dem Verbundkarton ein echter Markt.

Der größte Abfallverursacher im Getränkebereich war angesichts dieser Ausgangsposition die Glas-Einwegverpackung. Die Glasindustrie hatte aber schon frühzeitig darauf reagiert und große Mittel eingesetzt, um Glassammlung und Recycling aufzubauen und im Bewußtsein der Bevölkerung zu verankern. Damit konnte sie sich dem emotionellen Widerstand der Öffentlichkeit weitgehend entziehen.

Unter eben diesen Voraussetzungen rückte der Verbundkarton zwangsläufig ins Schußfeld der Kritik. Er ist „Einweg statt Mehrweg“, repräsentiert damit die Wegwerfmentalität der Konsumgesellschaft und zeichnete sich als solcher vor allem zu einem Zeitpunkt durch Wachstumsraten aus, als die Abfallwirtschaft schön langsam zu einem gesellschaftlichen Dilemma wurde.

Im Gegensatz zur Glasindustrie hatten die Verbundkartonerzeuger auf eine konsequente ökologische Imagebildung verzichtet. Der weltweite Siegeszug ihres Produkts war in funktionellen und ökonomischen Vorteilen begründet. Das Hervorstreichen ökologischer Vorzüge der Kartonverpakkung — die, wie das folgende Kapitel über die Öko-Bilanzen zeigt, sehr wohl vorhanden sind — kam de facto zu spät. Im bereits emotionalisierten Klima erschienen diese Argumente jedoch als Ausdruck einer puren Verteidigungshaltung und griffen nicht mehr.

Umweltpolitiker jeder Couleur verlangten bald nicht nur die Wiedereinführung der Glasflasche. Sie gingen unter Betonung ökologischer Gründe auch daran, das Verbot der Verbundkartonverpakkung zu fordern. Damit zeichnete sich im Zusammenhang mit Verpackungen erstmals ein politisches Klima ab, das vor ganz gravierenden Eingriffen in die Freiheit der Marktwirtschaft nicht mehr zurückschrecken würde.

Im Mai 1988 kam schließlich in Österreich die Mehrwegmilchflasche wieder auf den Markt. Gegenüber dem alten Modell war sie um nicht ganz ein Drittel leichter. Man hatte im Verpackungslabor für Lebensmittel und Getränke auch einen Kunststoffverschluß entwickelt, der eine deutlich effektivere Wiederverschließbarkeit der Flasche ermöglichte als die alten Aluminiumfolien. Der Österreicher griff, nach Bundesländern unterschiedlich, aber doch, sehr gern zur Milchflasche. Sehr schnell wurden Erfolge bestätigt, die auch in Deutschland und in der Schweiz aufgetreten waren, wo zahlreiche Molkereien auf eigene Initiative schon Jahre vorher die Milchflasche wieder ins Sortiment aufgenommen hatten.

Der Milchflaschenanteil lag etwa in Wien anfangs bei 50, in Vorarlberg bei über 60 Prozent. Die Begeisterung flaute im ersten Jahr allerdings — erneut je nach Bundesland verschieden — wieder ab. Der Durchschnittswert hat sich weitgehend den internationalen Gegebenheiten angepaßt, die bei Vorhandensein beider Systeme Milchflaschenanteile von 20 bis 30 Prozent aufweisen.

Ganz im Sinn der politischen Präferenz, die in Österreich, Deutschland und in der Schweiz auf Mehrwegsysteme setzt, gibt es nach wie vor eine breite politische Front gegen den Verbundkarton. Gesetzentwürfe zu Beginn der neunziger Jahre beinhalten immer wieder eine Palette von möglichen Maßnahmen gegen diesen Verpackungstyp. Sie reichen von diversen Auflagen, ein Recycling zu ermöglichen, bis hin zu Überlegungen, die Anwendung des Verbundkartons zu reglementieren oder überhaupt zu verbieten.

Die Verbundkartonhersteller haben inzwischen

darauf reagiert und versuchen, in Österreich und in Deutschland ein Sammel- und Verwertungssystem für ihre Verpackung aufzubauen. Schließen sehen sie sich ganz konkret damit konfrontiert, daß man an ihnen ein Exempel statuieren will. An ihrer Verpackung, die für weniger als 1 Prozent des gesamten Deponievolumens verantwortlich zeichnet, wird repräsentativ für alle Einwegverpackungen ein umweltpolitisches Signal gesetzt.

Inzwischen sind die Milchkartons allerdings nicht mehr allein auf der Abschußliste des umweltpolitischen Widerstands. Die zentralen Attacken richten sich jedoch weiterhin gegen Getränkeverpackungen. Im Lauf der achtziger Jahre feierten die Aluminiumdosen insbesondere bei Bier und die PET-Flaschen bei Limonaden große Verkaufserfolge. Vor allem diese Kunststoff-Einwegflasche wurde sowohl in Deutschland als auch in Österreich zu einem herausragenden Feindbild für die der Umwelt verantwortlichen Politiker.

Die Renaissance der Mehrweg-Glasflasche ereignete sich in einem in Sachen Umweltbewußtsein stark emotionalisierten Klima. In der Öffentlichkeit wurde ebendiese Mehrwegflasche nahezu zu einem Synonym für umweltgerechtes Denken. Der Verbundkarton geriet repräsentativ für die als umweltfeindlich abgestempelte Einwegverpackung unter Beschuß.

Die Öko-Bilanz

Es ist keineswegs einfach, mit noch so ausgefeilten gesetzlichen Rahmenbedingungen ökologisch wirksame Effekte zu erzielen. So wie die Verpackung als ökonomisch Ganzes zu beurteilen ist, empfiehlt sich auch für die Umweltrelevanz ein ganzheitliches Denken.

Der Abfall nach dem Produktverbrauch ist ein wichtiger Umweltbelastungsfaktor, aber eben nur einer in einer komplexen Kette, wo verfehlte Lösungsansätze auch mit gegenteiligen als den beabsichtigten Auswirkungen durchschlagen können.

Will man tatsächlich umweltschonende Verpackungslösungen finden, so wird man nicht darum herumkommen, die verschiedenen Verpackungssysteme möglichst genau miteinander zu vergleichen, um sie dann zu gewichten. Erst mit der Feststellung von Qualität und Quantität der durch Produktionsaktivitäten verursachten Umweltauswirkungen ist es möglich, Konsequenzen zu ziehen und Maßnahmen zu setzen, die unserer Umwelt nützen. Auch der Gesetzgeber benötigt diese Fakten, um seine rahmenpolitischen Entscheidungen zu treffen, ohne im luftleeren Raum zu agieren.

Für den Bereich Verpackung ist die Wissenschaft seit einigen Jahren dabei, entsprechende Entscheidungsgrundlagen zu schaffen – die Öko-Bilanzen. Mit der praktischen Anwendung der Öko-Bilanzen ist es allerdings noch nicht weit her. Die Erstellung einer halbwegs seriösen Öko-Bilanz dauert nämlich bis zu zwei Jahre, ist dementsprechend aufwendig und auch teuer. Daher gibt es bisher nur eine Handvoll entsprechender wissenschaftlicher Arbeiten, die zu ganz spezifischen Verpackungen Stellung nehmen.

Die treibenden Institutionen für die umfangreichen Untersuchungen sind meist einschlägige Institute wie die Eidgenössische Material-Prüfungs- und Untersuchungsanstalt (EMPA) St. Gallen oder die Technische Universität Berlin, aber auch Unternehmen mit dem entsprechenden wissenschaftlichen Know-how wie etwa der schwedische Verbundkarton-Erzeuger Tetra Pak.

Marina *Franke*, eine auf Abfallwirtschaft spezialisierte Wissenschaftlerin an der Technischen Universität Berlin, hat sich in einer 1984 veröffentlichten Modelldarstellung mit den Umweltfolgen durch Getränkeverpackungen befaßt. Anhand ihrer Arbeit läßt sich nachvollziehen, worauf eine Öko-Bilanz hinausläuft. Das Modell untersucht die Umweltauswirkungen der Industrien, die Getränkeverpackungen herstellen. Den ökologischen Auswirkungen des Produktionsprozesses — die Folgen von Rohmaterialgewinnung, die Belastungen von Wasser, Boden und Luft, der Energieverbrauch, aber auch der Bearbeitungs- und Vertriebsverlauf, also der Weg hin zum Handel und zum Konsumenten — wird der abfallwirtschaftliche Bereich gegenübergestellt. Dabei werden die Abfallmengen der Getränkeverpackungen, das Verhalten in den Abfallbehandlungsanlagen und die Möglichkeiten des Recycling der Verpackungsmaterialien unter die Lupe genommen.

Franke untersucht diese Faktoren bei sämtlichen Getränke-Verpackungstypen und stellt sie in Relation zu den in den Konsum gelangenden Mengen. Um ihre Erhebungen zu quantifizieren und in einen echten Systemvergleich einzubringen, greift Franke schließlich das Beispiel von der Mehrwegglasflasche im Verhältnis zum Einwegverbundkarton für Milchverpackungen heraus.

Die Wissenschaftlerin geht davon aus, daß ihre am Beispiel der Getränkeverpackungen durchgeführte systematische Erfassung von Umweltauswirkungen universell für die Produktion von Wirtschaftsgütern angewendet werden kann. Die Systematik ihrer Betrachtungsform macht die ungeheuer komplexen Zusammenhänge der unterschiedlichsten Ursachen und Wirkungen von Produktionsprozessen und Umwelt darstellbar. Unter „darstellbar" ist allerdings nicht so einfach „besser" oder „schlechter" zu verstehen. Das wird einsichtig, wenn man nur einen von vielen Untersuchungsbereichen herausgreift (eine Gesamtdarstellung würde den Rahmen von „kurz & bündig" völlig sprengen) — etwa die Verfahrensstufen für die Aufbereitung von Holz zur späteren Kartonherstellung: Allein in dieser Fertigungsstufe finden sich sieben Prozeßschritte — Wasserlagerung, Naßentrindung, Trockenlagerung und Trockenentrindung, Zerkleinerung, Siebung und Bearbeitung im Magnetschneider. Um die Umweltrelevanz dieser Prozesse zu definieren, müssen sie einerseits in Relation zu Atmosphäre, Wasser und Boden gesetzt werden. Andererseits gilt es, die begleitenden Verfahrenstechniken wie Wasserkreislaufführung, recyclierte thermische Energie usw. und schließlich auch die aus dem Aufbereitungsprozeß hervorgehenden Abfälle und das, was mit ihnen geschieht, zueinander in Bezug zu bringen.

Eine derartige Dichte von umweltrelevanten Zusammenhängen findet sich nun in sämtlichen Produktionsstufen, tritt aber auch in den nachfolgenden Abschnitten im Lebenszyklus der Verpackungen zutage. Trotz oder eigentlich gerade wegen dieser Komplexität werden Erkenntnisse über qualitative und quantitative Ursachen von Umweltbelastungen bei einzelnen Produktionsschritten möglich. Diese Einsichten erlauben es dann, durch Verfahrensänderungen auf konkrete Belastungen zu reagieren. Infolge dieser Analyse ist es auch möglich, die Wirkung von Forschungs- und Entwicklungsarbeit am Umweltschutzbereich durchschaubar in die Bewertung der Umweltverträglichkeit einzubeziehen. Und erst auf Basis dieser Ausgangsposition läßt sich der Versuch unternehmen, verschiedene Systeme miteinander zu vergleichen.

Das Gesamtsystem entscheidet

Als Quintessenz ergab nun Frankes Systemvergleich — offensichtlich im Gegensatz zum gesellschafts- und umweltpolitischen Trend —, daß die Aussage „Mehrwegsysteme sind umweltfreundlicher als Einwegsysteme“ sachlich nicht ausreichend fundiert ist. Es gibt durchaus Einwegbehältnisse, die bei einer Gesamt-Systembetrachtung als umweltfreundlicher einzustufen sind als Mehrwegbehältnisse. Eine Gesamt-Systembetrachtung, wie sie auch zu dieser Erkenntnis geführt hat, ist nach Überzeugung der Verpackungsexpertin eine ganz wesentliche Voraussetzung für wissenschaftlich akzeptable Aussagen. Das Herauspicken von Teilaspekten wie das Abfallaufkommen oder etwa die bloße Untersuchung des Molkereibereichs ist eine wissenschaftlich nicht korrekte Vorgangsweise. Zugleich unterstreicht die Wissenschaftlerin aber auch die extrem individuelle Dimension der Umweltauswirkungen. Jedes System bedarf einer gesonderten Untersuchung. Die Aussage über die 1-Liter-Milchflasche ist nicht relevant für eine 1/2-Liter-Milchflasche und auch nicht für eine 1-Liter-Limonadeflasche. Diese spezifische Beurteilung ist auch hinsichtlich der untersuchten Erzeuger- und Absatzmärkte angebracht. Große Transportentfernungen zwischen dem Ort der Verpackungsherstellung, der Produktabfüllung und dem Konsumenten können — wie schon im Kapitel über Ein- und Mehrwegsysteme kurz angeführt — die Aussage „umweltfreundliches Verpackungssystem“ ins Gegenteil verkehren. Diese Prämissen will Franke selbstverständlich auch hinsichtlich ihres konkreten Systemvergleichs berücksichtigt wissen.

Die von ihr vorgenommene Gegenüberstellung von Milchflasche und Verbundkarton endete mit einem Patt. Aus ökologischer Sicht — so ihre Berechnungen — sind bei einer für Milchflaschen recht hohen Umlaufzahl von 25 Kreisläufen keine eindeutigen Präferenzen für das eine oder andere Verpackungssystem abzuleiten.

In einem Vergleich von neun Studien, die sich mit dem Systemvergleich der 1-Liter-Milch-Verpackungen befassen, hat der österreichische Verpackungsexperte Egon *Bojkow,* Leiter des Verpakkungslabors an der Wiener Universität für Bodenkultur (übrigens der „Erfinder" der wiedereingeführten leichteren Milchflaschen-Generation), versucht, den Gehalt dieser Arbeiten herauszufiltern. Die Quintessenz entspricht im wesentlichen Frankes Arbeit: Eine Präferenz für eines der beiden in der Öffentlichkeit so stark diskutierten Systeme ist für die Belastung der Umwelt von absolut geringer Relevanz.

Um es noch einmal zu betonen: Bei diesen Untersuchungen handelt es sich nicht um Tests mit Absolutheitsanspruch. Mit geänderten Rahmenbedingungen — etwa allein mit der Veränderung der Vertriebswege — kann sich die ökologische Relevanz ändern. Die Öko-Bilanz bietet sich aber jedenfalls als Entscheidungshilfe zur Schaffung ökologischer Rahmenbedingungen für die Produktwahl und die Produktionsabläufe in Unternehmen an.

Was sicherlich nicht ganz einfach ist. Die nun doch schon mehrere Jahre hindurch gesammelten Erfahrungen mit den Öko-Bilanzen haben gezeigt, daß nur ein flexibles Bewertungsmodell in der Lage ist, für eine Anpassung an die sich rasch und stark ändernden Verfahrenstechniken und Erkenntnisse über die Gefahren der Technik für die Umwelt zu sorgen. „Auftretende Differenzen zwischen den Öko-Bilanzen einzelner Autoren können nur geklärt werden, wenn die jeweils gemachten Annahmen von Öko-Untersuchungen klar offengelegt werden“, ist der Schweizer Prof. P. *Fink*, Leiter der St. Gallener EMPA, überzeugt. Die Wissenschaftler sind also zum einen aufgefordert, unterschiedliche Bewertungskriterien zu diskutieren und damit unter einen Hut zu bringen. Damit wäre schon ein ganz beträchtlicher Schritt für eine Objektivierung der Verpackungsproblematik in Sachen Umwelt gesetzt. Wesentlich bleibt dabei allerdings, die der Realität entsprechende Komplexität der Erhebung aufrechtzuerhalten.

So wird etwa ebenfalls in der Schweiz eine Öko-Datenbank geführt. Dabei erhebt man für jedes Packmittel Umweltdaten. Konkret wird ein Zahlensatz erstellt, in dem die in der Schweiz auftretenden Umweltauswirkungen durch Herstellung und Entsorgung von 1 Kilogramm flächigem Packstoff ermittelt werden. Enthalten sind dabei Rohmaterialverbrauch, Energieverbrauch, die kritisch werdenden Luft- und Wassermengen, das Volumen fester Abfälle. Die Verarbeitungsphasen des Packstoffs, der Abfüll- und der Distributionsprozeß fehlen hingegen. Damit geben die Daten zwar über viele ökologische Aspekte der Packmittel an sich Auskunft, für Systemvergleiche sind sie aber wegen des eingegrenzten Denkansatzes nicht geeignet und als politische Entscheidungsgrundlage problematisch.

Grenzen von Öko-Bilanzen

Der Realitätsbezug eines wissenschaftlichen Modells, wie es eine Öko-Bilanz darstellt, stößt an gewisse Grenzen. Denn: Nach welchen Kriterien soll man an Unternehmen, die völlig verschiedene Dinge tun, einen ökologischen Maßstab anlegen?

Eine praxisbezogene Abwandlung der Öko-Bilanz könnte daher darauf hinauslaufen, anstelle total unterschiedlicher Gesamtsysteme die angewendeten Verfahrenstechniken für ähnliche Produktionen unter die Lupe zu nehmen. Individuelle Maßnahmen gegen einzelne Erzeugnisse, in dem Fall gegen ganz bestimmte Verpackungen, lassen die Variabilität der Wirtschaft, ihre Fähigkeit, sich rasch umzustellen, außer acht. Wenn man beispielsweise die Wasserverunreinigungen einer Papierfabrik reduzieren will, dann ist es nicht gerade wirkungsvoll, die Maßnahmen gegen ein einzelnes Produkt der Fabrik zu richten. Das Produkt läßt sich nämlich im Produktionsprozeß durch ein anderes ersetzen. Die Emissionen bleiben dann freilich erhalten. Man wird also gleich bei den Emissionen ansetzen. In der Praxis entsteht ökologischer Nutzen dann, wenn dem modernsten Stand der Technik entsprechend Limits für die Umweltbelastung gezogen und mit der Weiterentwicklung der Technik gesenkt werden. Das Schema schon vorhandener Emissionswerte könnte ausgeweitet und verfeinert werden. Diese Begrenzungen würden sich bei der Packmittelproduktion auf die Verwendung und Belastung von Luft und Wasser beziehen. Sie können aber auch unter Einbeziehung von Technik und Wirtschaftlichkeit eine Verringerung des eingesetzten Primärrohstoffs und eine Ausweitung bei der Verwertung von Verpackungsabfällen beinhalten.

Bleibt das Problem mit der Datenbesorgung: Will man für eine größere Transparenz der Umweltdaten sorgen, so wird man um eine bürokratische Mehrbelastung nicht herumkommen. Eine Möglichkeit wäre eine der Steuerbuchhaltung ähnliche Umweltbuchhaltung. Auf dieser Basis ließe sich dann eine Art „Umweltverträglichkeitsprüfung“ der Unternehmen durchführen.

Öko-Bilanzen sind komplexe Untersuchungen von wirtschaftlichen Prozessen auf ihre gesamten ökologischen Auswirkungen. Für die Verpackungen schaffen Öko-Bilanzen die Basis, verschiedene Systeme miteinander zu vergleichen.

Ökologie und Marketing

Um einer Umweltverträglichkeitsprüfung standzuhalten, sind viele Unternehmen gezwungen, ihre Betriebsabläufe vollständig umzustellen und neu zu organisieren.

Diese Unternehmen nehmen gegenüber jenen aus ökologischer Sicht nicht so weit fortgeschrittenen Konkurrenten einen beträchtlichen finanziellen Mehraufwand auf sich. Nun könnten ihre Eigentümer aus reiner Liebe zur Umwelt so handeln, was durchaus lobenswert wäre. Entscheidend aber ist, daß die ökologischen Alternativen der betrieblichen Leistungserstellung auch nach ökonomischen Gesichtspunkten sehr wohl vertretbar sind. Umweltschutz kann rentabel sein. Der Angelpunkt dazu ist das Marketing, womit die „Verpackung" wieder in den Mittelpunkt der Betrachtungen rückt.

Der Grundgedanke von Marketing ist die konsequente Ausrichtung eines Unternehmens auf die Anforderungen des Markts und damit der Konsumenten. Nun war das Konsumentenverhalten in den vergangenen Jahrzehnten in erster Linie auf eine quantitative Befriedigung von Bedürfnissen ausgerichtet. Marketing orientierte sich daher auch nach diesen Gesichtspunkten. Die Qualität der intakten Umwelt ermöglicht neue Marketing-Perspektiven. Diese lassen sich konsequent in die klassischen Marketing-Instrumente der Produktionsplanung, der Preis-, Kommunikations- und Distributionspolitik umsetzen. Der Unternehmer untersucht ganz im Sinn der Umweltverträglichkeitsprüfung sämtliche Produktionsstufen auf Möglichkeiten, umweltfreundlichere Technologien einzusetzen, als er es bisher getan hat. Je konsequenter er seine Erkenntnisse in die Praxis umsetzt, desto eher kann er die ökologischen Qualitätsbedürfnisse seiner Kunden ansprechen. Eine derartige Vorgangsweise ist bei diversen Produktgruppen, wie zum Beispiel im Bereich der Reinigungsmittel, hervorragend zu beobachten.

Das Waschpulver „Persil“ etwa ist ein klassischer Vorreiter für ein vernetztes Umweltdenken an einem Produkt. Ausgehend von der ersten Kritik an phosphathältigen Waschmitteln ging man konsequent daran, die Waschmittelproduktion in allen umweltrelevanten Bereichen abzuändern. Sämtliche Waschmittel und Weichspüler großer Anbieter kommen heute in geringerem Volumen — konzentriert oder flüssig — auf den Markt. Zahlreiche Schadstoffe wurden ausgefiltert. „Grün“, „biologisch abbaubar“, „phosphatfrei“, „ph-neutral“ sind — einmal ganz unabhängig vom tatsächlichen und immer wieder diskutierten Umweltnutzen — stehende Begriffe geworden.

Und am Verpackungssektor gibt es auch eine ganze Reihe von Innovationen wie etwa die Nachfüllfolien, die dezidiert mit einer klaren Werbeaussage an den Konsumenten herangetragen werden: weniger Müll.

Die Unternehmen verfolgen die Öko-Produktlinien allerdings nicht nur in ihrem Auftritt nach außen. Die Erneuerungen wenden sich auch systematisch nach innen. Kreisläufe werden aufgebaut, Materialien, die während des Produktionsprozesses anfallen, werden recycliert. Ein anschauliches Beispiel für die totale umweltrelevante Ausrichtung eines Unternehmens ist der österreichische Mineralwasser-Abfüller „Römerquelle". Schon mehr als zehn Jahre bemüht man sich dort, vollkommene Kreisläufe aufzubauen.

Die 1-Liter-Mehrwegflaschen erreichen rund 50 Umläufe. Von den Kisten über die Verschlußkappen der Flaschen bis zu den Flaschenklebern wird alles recycliert. Die Reinigung der Flaschen findet ebenfalls in geschlossenen Kreisläufen statt. Das Konzept ist so perfekt gelungen, daß „Römerquelle" heute in der Lage ist, allein mit den umweltrelevanten betriebsinternen Maßnahmen Gewinne zu schreiben.

Gerade die betriebsinternen Öko-Maßnahmen sind bei vielen Unternehmen sehr weit ausgebaut. Das gilt zum einen für die Lebensmittelindustrie, vor allem aber — für die Verpackungsindustrie. Von der Wellpappe- und der Kartonerzeugung über die Kunststoff- bis zur Glasindustrie gibt es innerbetriebliche Recycling-Quoten, von denen man im Haushaltbereich nur träumen kann. Viele dieser Firmen sind allerdings nicht soweit, in diesen Maßnahmen mehr als ein produktionstechnisches Element zu sehen. Ins Marketing wurden sie noch nicht integriert.

Die unternehmerische Chance, die sich hier anbietet, nennen Experten ein „human concept of marketing". Die Idee dieses humanen Marketings: eine punktuelle Änderung kommerziellen Marketings nach der Devise, daß eine klassische Marketing-Philosophie nicht grundsätzlich im Widerspruch zur Ökologie-Bewegung stehen muß. Ein wesentlicher Aspekt dieses Denkens leitet sich aus der Kybernetik (siehe auch „Kybernetik", „kurz & bündig"), der Wissenschaft von systemübergreifenden Zusammenhängen, ab. Traditionell bedeutet Betriebswirtschaft partikuläres Denken. Der Blickwinkel des klassischen Unternehmers geht von seinem Unternehmen aus, von innen nach außen. Sein Interesse ist sein Wirtschaften.

Gesamtwirtschaftliche Folgen, wie etwa die Nutzung von Ressourcen oder die Umweltbelastung, fallen nicht in seinen strategischen Verantwortungsbereich. Um in Zukunft erfolgreich zu bleiben, zeichnet sich die notwendige Umkehr dieser Perspektiven ab. Der Unternehmer betrachtet seinen Betrieb von außen und richtet seine Strategien nach den Vernetzungen seiner Firma mit der sozialen und der ökologischen Umwelt aus.

Das Modell ist keineswegs utopische Zukunftsvision. Die vorhin angeführten Beispiele gehen in genau diese Richtung.

Denn eines muß den Unternehmen hinsichtlich des erwachenden Ökologie-Bewußtseins klar sein: Es ist unmöglich, gegen das Bewußtsein und die Interessen der Konsumenten erfolgreich zu wirtschaften.

Modell des vernetzten Denkens

Der schon mehrfach erwähnte Schweizer EMPA-Professor Fink hat versucht, vernetztes Denken in Sachen Verpackung und Produkt in ein wissenschaftlich und praktisch brauchbares Bewertungskonzept einzubringen. „Total packaging" nennt er seine Denkmodelle, die auf eine gesamtheitliche Beurteilung von Verpackungssystemen hinauslaufen und die Beschränkung auf Teilaspekte ausschalten wollen. Als Basis verwendet Fink dabei die Funktionen der Verpackungen, nämlich die Qualitätssicherung für das Packgut. Schon dabei erweist sich die Umweltverträglichkeit als integrativer Faktor. Sowohl Qualitätssicherung als auch Marketing — ganz im Sinn des „human concept of marketing" — sind erst in ihrer Umweltverträglichkeit funktionsfähig. Das Ziel von „total packaging" läuft nun darauf hinaus, die Qualitätssicherung und die Umweltverträglichkeitsprüfung im gesamten Umfeld der Verpackungswirtschaft zu betrachten.

Oder anders gesagt: Es geht darum, die mehrdimensionale Betrachtung von Verpackungsproblemen aus der Interessenlage der einzelnen Systempartner unter die Lupe zu nehmen. Um das zu verwirklichen, bedient sich Fink eines Analysemodells, das er als „optimal packaging" bezeichnet. Dabei gibt es nichts Kompliziertes zu berechnen.

„Optimal packaging" entspricht zum einen einer Auflistung sämtlicher Lebenszyklusfaktoren und -auswirkungen von Verpackungen auf die Umwelt, auf die Kosten sowie auf die vom Lebenszyklus Betroffenen, also Verpackungswirtschaft, Warenerzeuger, Handel und Konsument. Gemessen wird zum anderen aber auch die Rückkoppelung der Qualitätssicherung hinsichtlich der Frage, welche der den Verpackungen gesetzten Ziele tatsächlich erreicht wurden.

Das hört sich theoretischer an, als es ist. Das „optimal packaging"-Modell ist nichts anderes als eine Betrachtung von Leistungen und Belastungen, die mit der untersuchten Verpackung im Zusammenhang stehen. Dazu erstellt man ein Pflichtenheft für die Verpackung, wie es etwa auch ein Markenartikelerzeuger mit seinem Verpackungshersteller zusammensetzen würde. Aus diesem Pflichtenheft wird der Verpackungshersteller in einer zweiten Stufe mögliche Verpackungsvarianten ableiten.

In der dritten Stufe versucht sich „optimal packaging" nun an der Bewertung der Verpackungsvarianten. Das gesamte System, das den Lebenszyklus der Verpackung von der Herstellung bis zur Entsorgung begleitet, wird unter zwei Blickwinkeln beurteilt: Auf der einen Seite wird ein Öko-Profil erstellt. Auf der anderen Seite wird die Marktakzeptanz des so und nicht anders verpackten Produkts untersucht. Die Dienstleistungen der Verpackung gegenüber dem Verbraucher entscheiden schließlich über Handelsfähigkeit und Wert der Ware.

Die Öko-Bewertung im Rahmen des „optimal packaging"-Modells läuft ganz im Sinn der zuvor präsentierten Öko-Bilanzen auf einen Vergleich von verschiedenen Verpackungsvarianten hinaus. Um diesen Vergleich durchzuführen, greift „optimal packaging" auf das Pflichtenheft zurück. Nach den Vorgaben dieses Pflichtenhefts lassen sich Systeme mit analoger Leistung und ähnlichen Qualitätsmerkmalen gegenüberstellen. Und erst diese Ähnlichkeit macht — wie die zuvor präsentierten Öko-Bilanzen beweisen — einen ökologischen Vergleich zwischen verschiedenen Verpackungen sinnvoll. Mit dem Griff zum Pflichtenheft wird aber auch gewährleistet, daß die Öko-Bewertung in der Gesamtqualitätsbeurteilung eingebettet bleibt.

Nun ist sich Fink völlig im klaren, daß die Komplexität und die immer wieder geänderte Bewertung von Umweltaspekten generelle Aussagen zu entstehenden Problemen kaum zulassen. Es sind daher ganz spezifische Untersuchungen notwendig, die auch zu ganz spezifischen Antworten führen.

Ganz im Sinn dieses „total packaging"-Denkens hat die EMPA St. Gallen versucht, einen Öko-Vergleich zwischen mehreren Joghurt-Verpackungen auszuwerten. Bei der Öko-Bilanz selbst wurden sowohl der Polystyrol-Einwegbecher (jener weiße Becher, in dem nach wie vor das Gros der Joghurts abgefüllt wird) als auch das Mehrweg-Braunglas unter die Lupe genommen. Die Untersuchung brachte keine ökologischen Unterschiede zutage, die eine Präferenz des einen oder des anderen Verpackungstyps ergeben hätten. Die Studie zeigte aber eben im

Sinn der gesamthaften Betrachtung, daß Joghurt im Becher oder im Glas nicht so sehr eine Frage des Öko-Vergleichs als vielmehr eine Frage unterschiedlicher Marketing- und Logistikstrategien ist. Die Öko-Bilanzierung hat zudem aufgezeigt, wo im Produktionsprozeß beider Varianten Verbesserungen etwa durch Einsparen von Material und Energie möglich sind. Eben dadurch konnte tatsächlich ein abfallreduzierender Effekt erzielt werden, der durch einen einfachen Abtausch von Einweg durch Mehrweg keinesfalls zustande gekommen wäre. Zu einem ähnlichen Ergebnis gelangte die EMPA beim schon berühmten Vergleich der 1-Liter-Milchverpackungs-Systeme.

Öko-Vergleiche, so die Quintessenz des „total packaging" zu diesem Thema, sind ein Bestandteil von Qualitätssicherungsmaßnahmen. Sie werden erst als Bestandteil einer interdisziplinären Gesamtbeurteilung aus der Sicht verschiedener Systempartner sinnvoll. Eine Interpretation von Öko-Bilanzen sollte daher auch nur in diesem Gesamtrahmen vorgenommen werden.

Vernetztes Denken sollte letztlich darauf hinauslaufen, ökologische und ökonomische Aspekte der Verpackungen sinnvoll zu berücksichtigen.

Die umweltpolitische Zukunft

Wachsende Müllberge und fehlender Deponieraum schaffen einen so starken politischen Druck, daß der Stellenwert der Abfallwirtschaft für die Umweltpolitik ständig an Bedeutung zunimmt.

Die Modelle vernetzten Denkens haben einen Nachteil: Sie zählen nicht zu den Trümpfen, die Umweltpolitiker ausspielen, um ihrem politischen Auftrag gerecht zu werden. Sie sind auch nicht dazu angetan, den mehr als drei Viertel der Bevölkerung, die sich laut eingangs zitierter Schweizer Studie über Verpackungen ärgern, den Eindruck rascher Maßnahmen gegen den Abfallberg zu vermitteln. Die Müllproblematik ist daher allein im politischen Sinn so bedeutend geworden, daß sie — im Gegensatz zur Forderung des gesamthaften Denkens — sehr wohl als Teilaspekt des gesamten ökologischen Umfelds herausgegriffen und vorrangig behandelt wird. Wie die gesetzlichen Initiativen in Österreich und Deutschland zeigen, wird im Zuge dieser Gewichtung den Verpackungen mehr denn je der Marsch geblasen.

„Der beste Müll ist der, der nicht entsteht" oder „Müllvermeidung statt Müllentsorgung" sind zentrale umweltpolitische Schlagworte geworden, die die Verpackungswirtschaft als Kernproblem der Abfallwirtschaft sehen.

Die Gesetzesvorschläge, die die zuständigen Umweltpolitiker in Deutschland, Österreich und in der Schweiz zur Müllproblematik präsentieren, beinhalten dementsprechend meist unterschiedlich radikale Maßnahmen gegen das Verpacken an sich. Die Ideen reichen von Quotenregelungen — etwa: von alkoholfreien kohlensäurehältigen Getränken dürfen nur mehr zehn Prozent in Einweggebinden verpackt werden — bis zu einem totalen „Kreislaufzwang“ für Verpackungen. Demnach würde der Handel als Schnittstelle zwischen Produkt und Konsument verpflichtet, sämtliche Verpackungen aller verkauften Produkte zurückzunehmen. Der Handel wiederum — so die Überlegung dieser radikalen politischen Variante — würde aus eigenem Interesse Druck auf die ihn beliefernde Wirtschaft ausüben, um entsprechende Rücknahme-, Wiederverwertungs- oder Wiederverwendungsmaßnahmen zu initiieren.

Die Verpackungswirtschaft ihrerseits sieht sich in diesem gegen sie gerichteten politischen Klima als zu Unrecht diskriminiert. Zum einen weil sie — wie schon mehrfach erwähnt — die Konsumgüter nur so verpackt, wie es die Kunden der produzierenden Industrie von ihr verlangen, und dabei nach den Gegebenheiten der Marktwirtschaft agieren muß.

Andererseits sehen die verpackungserzeugenden Unternehmer die von ihnen gesetzten umweltschonenden Maßnahmen in der Verpackungsdiskussion nicht gewürdigt. Der Einsatz von Verpackungen mit hohen Altstoffanteilen, das Forcieren der Wiederverwertung, die Aufklärung zur getrennten Entsorgung etwa durch die Information auf den Verpackungen selbst, die Förderung von Rohstoff,

Energie und abfallsparender Verpackungsgestaltung — alles das sind Forderungen, die die Verpakkungswirtschaft nicht nur voll unterstützt, sondern in vielen Bereichen auch bereits konsequent erfüllt.

Umso mehr scheint eine Versachlichung der Verpackungsdiskussion, die derzeit auf sämtlichen Kommunikationsebenen von der Schule bis zu den Medien eher als Suche nach einem Sündenbock betrieben wird, als sinnvoll. Nur auf einer sachlichen Ebene wird es schließlich möglich sein, von punktuellen Angriffen weg zu einer gesamtheitlichen Beurteilung von Verpackungen und Verpackungssystemen zu kommen.

Politische Eingriffe in die Marktwirtschaft sollten schließlich wohl nicht darauf hinauslaufen, einzelne Produkte zu diskriminieren, sondern der gesamten Gesellschaft dienliche gleichberechtigte Rahmenbedingungen zu schaffen.

Ein gesamtheitliches Denken ist auch schon deshalb notwendig, um sich wissenschaftlicher Instrumente wie der Öko-Bilanzen tatsächlich zu bedienen. Und der komplexe Denkansatz ist unverzichtbar, um neben den ökologischen Aspekten die ökonomische Bedeutung der Verpackung nicht außer acht zu lassen.

Gesellschaftspolitisch motivierte Eingriffe in den Verpackungsmarkt ziehen einen ganzen Rattenschwanz von Konsequenzen für die gesamte Konsumgüterwirtschaft nach sich. Sie beeinflussen nicht nur die Kostensituation und den Wettbewerb der betroffenen Unternehmen, sie haben auch ihre

Auswirkungen auf die gesamte Güterversorgung und damit die allgemeine Versorgung der Bevölkerung. Umso mehr müssen solche Entscheidungen mit großem Verantwortungsbewußtsein getroffen werden.

Gerade die großen politischen Veränderungen am Ende des 20. Jahrhunderts sollten auch in Sachen Verpackungsdiskussion ein Vorbild für alle Beteiligten sein, sich am runden Tisch zusammenzusetzen, um gemeinsam für ökonomische und ökologische Problemstellungen konstruktive, gesamthaft durchdachte Lösungen zu finden.

Literatur und Quellen

Aus einer Fülle von einschlägiger Literatur verweist der Autor auf folgende Bücher, die zum Teil als Quelle benutzt wurden:

Alber, S.: Öko-Bilanzen von Verpackungssystemen: Theoretische Grundlagen, Wien 1985

Bojkow, E.: Getränkeverpackung und Umwelt, Wien 1989

Bundesamt für Umweltschutz: Öko-Bilanzen von Packstoffen, Bern 1984

EMPA und Forschungsinstitut für Handel: Analyse Joghurt-Verpackung, St. Gallen 1979

Franke, M.: Umweltauswirkungen durch Getränkeverpackungen, Berlin 1984

Fink, P.: Ecological Profile of Packages, England 1983

Fink, P.: „Total Packaging". Verpackung als integriertes Konzept, Rüschlikon 1988

Fürst, R.: Verpackung — gelobt, getadelt, unentbehrlich!, Düsseldorf 1973

Lundholm, P., und *Sundström,* G.: Ressourcen- und Umweltbeeinflussung durch zwei Verpackungssysteme für Milch, Tetra Brik und Pfandflasche, Malmö 1986

Mrasek, J.: Beiträge zur Geschichte der österreichischen Verpackungswirtschaft Teil 1—3, Wien 1978

Migros: Systemvergleich Einweg/Mehrwegverpackung, Schweiz 1979

Österreichisches Institut für Verpackungswesen: Argumentarium Verpackung, Wien 1990

Pautz, D.: Energie und Verpackung, Berlin 1982

Das verwendete Datenmaterial geht im wesentlichen auf folgende Quellen zurück:

Abfallerhebung des österreichischen Instituts für Gesundheitswesen 1984 und 1988

Österreichisches Institut für Verpackungswesen: Österreichische Verpackungsstatistiken der Jahre 1983 bis 1989